国際養子縁組法制をめぐる現状分析と課題

国際比較の視点から

外国法制研究会編

JN092230

はじめに

日本は一九四〇年代後半から現在にいたるまで、国際養子縁組の送出国であり続けてきたにもかかわらず、養子縁組のために海外に渡航する子の数も含め、その全貌が明らかにされてきたとは言えない。それに連動するように、一九九三年の「国際的な養子縁組に関する子の保護及び協力に関する条約（Convention on Protection of Children and Cooperation in Respect of Intercountry Adoption）」（以下、本ブックレットでは「ハーグ国際養子縁組条約」という。）の締約国にもなっておらず、関連する国内法の整備もまったく進んでいない。

こうした背景を受け、かねてより国内外の家族法制の研究を進めてきた外国法制研究会は、ハーグ国際養子縁組条約の締結に求められる国内での法整備・立法化に向けた政策提言につながる国際比較研究に着手する必要性を強く感じてきた。そうしたなかで科研費研究課題「アジア太平洋地域の国際養子縁組法制の比較分析に基づく政策提言――ジェンダー視点から」（基盤研究（C）、二〇一九年度〜二〇二一年度（二〇二二年度まで延長）、代表者：清末愛砂、研究課題番号：19K01243）が採択され、主にはアジアの送出国の法制度を中心とする比較研究に着手した。

研究開始当初は現地での聞き取り調査も予定していたが、二〇二〇年の一月頃からグローバルなレベルで新型コロナウイルス（COVID-19）感染拡大問題が生じたことから、海外渡航が極めて困難になった。その代替手段としてオンラインを活用し、海外の家族法研究者と小規模のオンラインセミナー（二〇二〇年九月六日）[1]を開催する等の方法で本研究を進めてきた。

本ブックレットは、二〇二二年七月三日に開催した国際ハイブリッドセミオープンシンポジウム「国際養子縁組法制をめぐる現状分析と課題――国際比較の視点から」（発信会場：室蘭工業大学）の記録である。シンガポール、中国、タイの研究者による報告のほか、上記の研究課題の研究代表者、研究分担者、研究協力者による①国際私法上の概説、②日本の養子縁組法制、③日本の渉外事件の事例紹介、および④韓国・フィリピン・ニュージーランド・米国ハワイ州の国際養子縁組法制に関する報告のまとめを盛り込んでいる。なお、当日は最後に若干の質疑応答がなされたが、それらは含めていない。

日本の国際養子縁組法制の課題を考える上での参考資料の一つとして、また上記の研究課題の成果の一つとして、本ブックレットを読んでいただけると幸いである。

清末愛砂

注

1 オンラインセミナーの内容は、外国（身分関係）法制研究会「特別研究報告　国際養子縁組法制に関する国際比較」戸籍時報No.804（二〇二〇年一一月）、一二-三〇頁に収録。

国際養子縁組法制をめぐる現状分析と課題——国際比較の視点から　目次

2022年7月3日に開催した国際ハイブリッドセミオープンシンポジウム「国際養子縁組法制をめぐる現状分析と課題――国際比較の視点から」の様子（発信会場：室蘭工業大学）

第一部

日本法について

第一章　国際養子縁組に関する国際私法上の概説

名古屋大学大学院学術研究員
伊藤弘子

国際養子縁組とは、例えば、日本人である子がアメリカ人夫婦に養子として引き取られたり、日本人とフィリピン人の夫婦がフィリピン人妻の姪を養子に迎えたりするなど、国籍が異なる者同士の間に法律的な親子関係を作ることをいう。日本では、従来、家の跡取りとしての後継者を確保する制度として養子縁組が用いられてきたことから、娘婿を養子として家名と家業を継がせたり、女性の連れ子を配偶者が養子として自分と同じ苗字を名乗らせたりするなどの養子縁組が広く行われてきた。このように当事者の合意を基礎とする養子縁組制度では、原則として当事者双方の合意に基づいて養子縁組を解消することも可能とされてきた。かつては、欧米諸国でも子どもは親の所有物とみなされ、親のための養子縁組が行われていたが、第二次世界大戦後に欧米諸国等で戦争孤児に家庭を与え保護しようとする「子の福祉」のための養子縁組制度が整備されていった。これらの諸国では、要保護状態にある子を保護し、慈しみ、社会に巣立たせるための支援をするという目的の下で、裁判所や国家機関が各々の事例について、その子の福祉にかなうかを審査する宣言型養子縁組の整備が進められたが、このような制度の下では子が成人するまでの期間の養育が念頭に置かれており、離縁は原則として認められない。子どもに最善な養育環境を与えるために、国際的な養子縁組も積極的に進められてきたが、特に子の保護を目的とした国際的な協力体制の一つの結実が、一九九三年のハーグ国際養子縁組条約であった。この条約により、親のため、家のためではなく、子の保護を目的とした養子縁組制度における関係国同士の連携を図るシステムが世界各国に広まった。しかしながら、従来の契約型の養子縁組制度と、ハーグ国際養子縁組条約が前提とする宣言型の養子縁組制度とが併存する国もまだ多く、日本もこのような両輪の制度を採用する国の一つである。日本における養子縁組制度や現状は別の章で述べるが、日本では契約型の養子縁組制度が大多数を占めており、国際的養子縁組により外国人に引き取られ出国する子どもの状況については、あまり知られてこなかった。これに対して中国やASEAN加盟諸国は主要な送出国であったが、国民の若年人口減少やトラフィッキング（人身取引）撲滅への対応をするために、特に国際養子縁組を公的機関の監督下に置きつつ、国内養子縁組や親族間の養子縁組を優先する政策に転換してきた。

国際養子縁組について考えるとき、国により公的機関の介入の有無や度合い、または離縁の可否等について各国の法制が異なるため、当該国際養子縁組に対して、いずれの国の法律が適用されるべきかが問題となる。当事者の一方が外国人である等の渉外的な要素がある国際養子縁組では、①日本で国際養子縁組を行う場合にその縁組に適用されるのはいずれの国の法律か、②裁判所による決定が必要とされる場合には、日本で、かつ日本のいずれの裁判所が決定することができるか、そして③外国で外国法により成立した国際養子縁組について日本においても法律的な親子関係や効力を認めるかの問題を考えなければならない。本ブックレットには、まず各国の国際養子縁組法制を比較考察し、今後の日本における法整備に繋げようという目的がある。さらに、日本でしばしば問題になる国際養子縁組に関わる事例について、主として①および②の観点から説明し、これらの諸国の法制がどのように日本で適用されるかを紹介することも、今一つの目的としている。

日本で、養親となろうとする者と養子となろうとする者の国籍が異なる国際養子縁組のような渉外的な私法関係の成立や効力が問題になる場合には、国際私法と分類される法が、その私法関係に最も密接な関連を有する国を定め、その法によって成否や効力を判断する。契約や婚姻等の私人間の法律関係では、当該私法関係が行われようとしている国、あるいは裁判による解決が求められようとしている国(法廷地)以上に、当該私法関係に関係が深い国がある可能性がある。私法関係を類型化し、類型ごとに定められた最密接関連地法を用いることによって、世界のどこで争われても適用される法(準拠法)と結果が同一となり得る。換言するならば、国際私法は渉外的な私法関係について、自ら成否や効力を定めるのではなく、そのような規定をしているいずれかの国の法を選び、その法により成否や効力等を判断するのである。各国において、客観的に最密接関連地法として定めた準拠法を適用することによって国際的な判決の調和がもたらされ、結果的に当事者たちの期待にも応えることができると考えられている。日本における国際私法の中心的な法源は「法の適用に関する通則法」(通則法)で、養子縁組については、通則法の第三一条が養親や養子となる者に課される年齢要件等の実質的成立要件の準拠法を、そして第三四条が方式(方法)の準拠法を規定している。したがって、日本で国際養子縁組を行おうとする場合には、そもそも養子縁組を行い得るか、養子縁組の対象になる子の年齢制限や、養親と養子に一定以上の年齢差を要するかの制限等については、第三一条により養親の本国法が適用される。養子縁組の方式には第三四条により養子縁組の成立要件の準拠法(同条一項養親の本国法)または養子縁組を行う行為地法(同条二項)のいずれかを選択することになるが、本ブックレットが想定する事例としては、日本において当事者の少なくとも一方が日本国籍を有する養子縁組を日本で行おうとする場合が多いであろうから、日本法による手続をとることになると考えられる。そして外国法である準拠法の所属国における養子縁組制度が契約型、宣言型のいずれであっても、日本民法上の養子縁組制度で用いられている既存の方法を用いて調整しながら、外国法による養子縁組の手続を行うことになる。また、宣言型を採用する外国法である準拠法が、養子縁組を裁判所の決定・命令として成立させるものと定める場合には、そもそも日本に国際的・国内的裁判管轄権があるかについても考慮する必要がある。なお、国際私法では、外国人の本国の国際私法が日本法によるべきとしている場合には、当該外国法ではなく日本法を適用するものと定める反致《はんち》の制度があるが、本ブックレットでは反致については立ち入らない。

第二章　日本の養子縁組制度

熊本大学准教授
梅澤彩

はじめに

厚生労働省によると、日本では、捨子や被虐待児など、社会的養護を必要とする児童の数は、約四万二〇〇〇人にのぼるとされる。[1] また、社会的養護を必要とする児童の約九割が施設に入所していることから、平成二八年（二〇一六年）の児童福祉法改正では、子の権利主体性を明確にするとともに、子の最善の利益と子の福祉の促進が謳われ、養子縁組制度の利用促進が課題とされた。

その後、前記改正法の具体的なロードマップとして、平成二九年（二〇一七年）に新たな社会的養育の在り方に関する検討会が公表した「新しい社会的養育ビジョン」では、児童相談所と民間機関が連携した強固な養親・養子支援体制を構築し、「概ね五年以内に、現状の約二倍である年間一〇〇〇人以上の特別養子縁組成立を目指し、その後も増加を図っていく」とされた。[2]

日本における養子縁組には、養親と養子の間の契約で成立する普通養子縁組と、子の福祉の観点から裁判所において特別に成立を認める特別養子縁組がある。令和元年（二〇一九年）に成立した改正民法では、特別養子縁組制度の利用促進にむけた改正がなされた。具体的には、養子となる子の年齢の引き上げ、養子となる者の実父母の同意の撤回に関する制限、養子縁組成立審判に関する手続等についての大幅な改正である。

なお、養子縁組の成立件数は、年間約七万件で推移しているが、そのほとんどが普通養子縁組であり、成年養子やいわゆる「連れ子養子」である。特別養子縁組は、近年増加傾向にあるものの、令和二年（二〇二〇年）度の特別養子縁組成立件数は六九三件であった。

一．普通養子縁組

ここでは、普通養子縁組制度（民法第七九二条～第八一七条）について概説する。先述のように、普通養子縁組は契約により成立する縁組である。したがって、普通養子縁組の成立要件は、当事者の合意と縁組の届出である。

養親となる者は、二〇歳以上の者であればよい。婚姻の有無は関係なく、単身者でも養親となることができる。養子となる者は、養親となる者の尊属または年長者でなければよく、年齢に上限はない。また、養親と養子の間の年齢差についても、特段の規定がないため、養親となる者が養子となる者より一日でも早く出生していればよい。この結果、日本においては、家の跡継ぎ・扶養・節税などを目的とした成人間の養子縁組が多くなされている。近年では、同性カップルが同性婚の代替手段として養子縁組を行う事例もある。

養子縁組が成立すると、養子は養親の嫡出子としての身分を取得する。その結果、養子は原則として養親の氏を名乗り（養親子同氏の原則）、養子が未成年である場合には、養親が養子の親権者となる。さらに、養子と養親は互いに扶養・相続に関する権利義務をもつ。いわゆる「連れ子養子」は、前述のような養子縁組の効果を得るためになされることが多い。

ただし、養子の実父母と養子の法的な親子関係は、養子縁組が成立した後も存続するため、養子と養子の実父母との間には、互いに扶養・相続に関する権利義務が存続する。

二、特別養子縁組

ここでは、特別養子縁組（民法第八一七条の二〜第八一七条の一一）について概説する。特別養子は、子のための養子縁組であり、裁判所が子の福祉の観点から特に縁組を成立させる必要があると判断した場合に成立させるものである。特別養子縁組は、養子となる者とその実方血族との法的関係を断絶し、養親となる者との間に新しい法的親子関係を成立させるものである。したがって、特別養子の対象となる子は、捨子や被虐待児などが一般的である。

養親となる者は、原則として二五歳以上の者で、法律上の婚姻をしている必要があり、例外的に、夫婦の一方が二五歳、他方が二〇歳であっても特別養子縁組をすることができる。日本では、同性婚が認められていないため、特別養子縁組をすることができるのは婚姻した異性カップルのみである。

養子となる者は、原則として一五歳に達しない者であり、例外的に一八歳に達しない者も特別養子縁組が認められる。養子となる者の年齢について、令和元年（二〇一九年）の法改正前は、養子となる者の年齢は原則として六歳に達しないものであり、例外的に八歳に達しない者とされていた。これは、愛着形成や就学時期を考慮したものであったが、六歳未満という年齢制限が原因で養子縁組の機会を逃す事例も存在し、児童福祉の場からは年齢要件の緩和が求められていた。

なお、特別養子縁組を成立させるためには、六カ月の試験養育期間の考慮（民法第八一七条の八）と裁判所の許可審判が必要となる。特別養子縁組は、普通養子縁組と異なり、離縁が難しいため（民法第八一七条の一〇）、試験養育期間に、養親となる者の適性や養親となる者と養子となる者との相性を慎重に検討する必要がある。

前述のように、特別養子縁組が成立すると、養子は養親の嫡出子となり、養子と養子の実父母との法的関係は終了する。したがって、養子と養子の実方血族の間には、扶養・相続に関する権利義務は存在しないこととなる。

三．日本における国際養子縁組

日本はハーグ国際養子縁組条約を批准していないため（二〇二二年一一月一日現在）、国際養子縁組については、法の適用に関する通則法および子どもの権利条約第二一条に基づいて縁組が成立する。日本における国際養子縁組の詳細は、別章に譲ることとして、ここでは、国際養子縁組の実態について簡単に言及する。

国際養子縁組については、一般に、人身売買のおそれや、子の出自に関する問題等が指摘されている。諸外国では国内養子縁組が優先され、国際養子縁組が減少傾向にある一方で、日本では多数の子が養子として外国に送り出されている。日本では、民間あっせん団体が、あっせん先の一つとして国際養子縁組に関与してきたが、政府は国際養子縁組による子の出国数を把握していない。

この点に関して、読売新聞が明らかにしたところによると[3]、日本から国際養子縁組で海外に渡った子の数は、平成二三年（二〇一一年）～同二七年（二〇一九年）の約九年間で少なくとも三三六人に上り、そのうちの二二五人（約六六パーセント）が一歳未満の乳児であった。また、一歳未満の乳児で性別が判明したのは一二七人で、男児六八人、女児五九人であったとされる。

受入国の内訳については、アメリカ（一七二人）、カナダ（一六〇人）が大多数を占め、その他、フランス（二人）、ベルギー（一人）、イタリア（一人）となっている。

なお、日本では、平成二八年（二〇一六年）に、「民間あっせん機関による養子縁組のあっせんに係る児童の保護と適正な養子縁組のあっせんの促進を図ること」等を目的として、「民間あっせん機関による養子縁組のあっせんに係る児童の保護等に関する法律」が成立した。同法により、養子縁組あっせん機関の許可制度が導入され、国内養子縁組が原則となった（第三条第二項）ことから、同法が施行された平成三〇年（二〇一八年）より国際養子縁組の成立件数は減少に転じている。[4]

今後、日本から外国に送り出される子どもの数は減少するものと思われる。しかし、日本国内における国際養子縁組が減少するわけではないことから、子の福祉と最善の利益を保障するためにもハーグ国際養子縁組条約を批准する必要があると言えよう。

注

1 厚生労働省子ども家庭局家庭福祉課「社会的養育の推進に向けて」令和四年（二〇二二年）三月三一日、二頁。

2 新たな社会的養育の在り方に関する検討会「新しい社会的養育ビジョン」平成二九年（二〇一七年）八月二日、三頁。

3 「日本から海外へ養子、九年で三三六人…政府は把握しておらず」読売新聞オンライン二〇二一年三月二四日付（二〇二三年一月五日最終閲覧）。

4 令和二年（二〇二〇年）七月に事業停止した一般社団法人「ベビーライフ」が、平成二四年（二〇一二年）度〜同三〇年（二〇一八年）度にあっせんした子ども三〇七人のうち、一七四人の子どもの養親が外国籍であった。「子どもを国外に？　ベビーライフの養子縁組、養親の半数が外国籍」毎日新聞オンライン二〇二一年三月二三日付（二〇二三年一月五日最終閲覧）。

第三章　日本における渉外的養子縁組成立に関する実務および近時の事例

渥美利之法律事務所 弁護士
望月彬史

一．渉外的養子縁組の成立

法の適用に関する通則法（以下「通則法」という。）第三一条は養子縁組成立の実質的成立要件について、また通則法第三四条は養子縁組の方式についての準拠法を決定するルールである。そして前者により決定・適用される準拠実質法の内容により、国内での養子縁組は、大きく二つの成立方法に分けることができる。

(一) 家庭裁判所の審判を経る場合

当該事案に適用される準拠法次第では、外国法が準拠法として適用される場合がある。他方、そのような外国法を適用する事案について、国内の司法上の手続によるべきかという点は、法廷地法である日本法によることになる。

そして、渉外的な養子縁組の実質的成立要件の準拠法の内容が、①裁判所等の決定、命令等により成立する場合や（例えば、特別養子縁組類似の、実親との関係が断絶する効果を生じる「決定型養子縁組制度」を採用しているような場合が多くこれに該当する。）、②決定や命令等で養子縁組が成立しないものの（当事者の合意を基礎とする「契約型養子縁組制度」を採用しているような場合がこれに該当する。）、裁判所や公的機関の許可・同意等が成立要件となっている場合などが存在する。

実務上、養子縁組の実質的成立要件に適用される準拠法の内容が、上記①の場合には、我が国の家事事件手続法上の特別養子縁組の成立の審判（同法第一六四条の一、同法別表六三の項）により手続を代行し、上記②の場合は同法上の養子縁組許可審判（同第一六一条、同法別表六一の項）により、許可等を行うことになる（家裁の同審判により準拠法要件の充足を代行する。）。[1] また、上記②については、許可審判による養子縁組の実質的成立要件を充足した後、養子縁組の形式的成立要件の準拠法についての通則法第三四条に基づき、日本法上の方式（市町村役場への（創設的）届出）により、養子縁組を成立させることになる。[2]

(二) 家庭裁判所の手続を経ない場合

養子縁組の実質的成立要件の準拠法が「契約型養子縁組」を採用し、かつ、裁判所や公的機関の許可等が要件ではない場合がこれに当たる（例えば、日本法の成人間養子縁組などの日本法の方式である市町村役場への創設的届出のみによる場合）。この場合も、通則法第三四条に基づき、日本法上の方式（市町村役場への（創設的）届出）により、養子縁組を成立させることになる。

二. 渉外的養子縁組審判の事例数

令和二年（二〇二〇年）度、渉外的な養子縁組に関する審判事件は、三〇一件あり[3]、COVID-19の影響下前の平成三〇年（二〇一八年）度の四四一件から微減している（うち、四九件は特別養子縁組決定審判である。）。

三．国際裁判管轄[4]

養子縁組の成立に関し、一（二）で説明した、家庭裁判所における養子縁組審判に関する特別養子縁組の成立の審判事件および許可の審判事件については、令和三〇年（二〇一八年）に家事事件手続法が改正され（令和元年（二〇二〇年）四月一日施行）、同法中に国際裁判管轄規定が存在する。

許可審判および成立の審判についてはいずれも、同法第三条の五により、養親となる者または養子の住所（住所がない場合または住所がしれない場合には居所）が日本に認められる場合に、国際裁判管轄が肯定される。ただし、この「住所」は準拠法として適用される外国実質法上の概念ではなく、日本の（国際）民事訴訟法上の住所として解釈される。[5]

四．準拠法

準拠法の決定および適用に関しては、別章に譲る。ここでは、我が国の国際私法ルールが、養子縁組に関する法律関係につき、原則として当事者の本国法主義を採用し、日本法への反致を認めていることから（通則法第四一条）、①当事者の本国法のみならず②当事者の本国の国際私法が、当該事案につき準拠法を日本法としているか（反致の成否）について、実務上は検討する必要がある点を指摘する。

図　日本における準拠法適用の例

A国籍を有する夫及びB国籍を有する妻が夫婦共同でC国籍を有する子を養子とする場合（A、B及びC国の国際私法のルール上、日本法に反致しないものとする。）

夫側の要件
夫はA国法上の要件を満たす必要がある。（また、夫婦共同養子縁組も同国法上認められる必要がある。）

累積的適用

妻側の要件
妻はB国法上の要件を満たす必要がある。（また、夫婦共同養子縁組も同国法上認められる必要がある。）

＋

子の保護要件
子の本国法上であるC国法上、養子縁組に際し、養子となる者や第三者による養子縁組への同意等や裁判所等の公的機関による許可や決定が必要な場合、当該C国法上の要件を満たす必要がある。（日本の家庭裁判所は、場合によりC国法上の要件（試験監護や養親テストなどの外国の公的機関が行うもの）を、家庭裁判所調査官の調査等により代行することがある。）

なお、異なる国籍の夫婦が夫婦の国籍以外の子を共同で養子とする場合の準拠法の決定・適用については次の図のとおりである。

五．国内事例の紹介

ここでは二つの近時の養子縁組の許可審判事例を紹介する。これらは、東京家審令和二年四月一七日（判例時報二四九二号、六七頁、家庭の法と裁判三三号、九八頁、第一事例）および東京家審令和三年一月二七日（判例時報二五一一号、一〇一頁、第二事例）である。

（一）第一事例について

〈概要〉

日本人男性（A）とフィリピン人女性（B）が平成二三年（二〇一一年）に婚姻し、Bにはフィリピン国籍の非嫡出子（平成一七年（二〇〇五年）生まれ、C）がいる。Cは平成二八年（二〇一六年）に来日し、現在（許可審判申立時点）AおよびBと同居している。そこで、夫婦であるABは、Cについて夫婦共同養子縁組の許可審判を申し立てた事案である。

当事者ABおよびCの姉妹は養子縁組に同意しているが、Cの実父は所在不明である。この事例では、ABCの住所が日本国内にあることから、申立ての国際裁判管轄が認められる（家事事件手続法第三条の五）。

〈結論〉

夫婦共同養子縁組許可を認める審判が下された。

〈準拠法の適用〉

①Aの本国法である日本法の適用について

同審判では、特段の理由を示すことなく、Aについて日本法上の要件を満たすと判断した。

②Bの本国法であるフィリピン法の適用について[6]

本審判では、フィリピン法である同国国内養子縁組法上[7]、自身の嫡出でない子を養子縁組し嫡出子の身分を取得する際の要件として（養親適格性の要件は同法第三条第七項Ⅰ（A））、原則として夫婦共同養子縁組となること（同法第三条第七項Ⅱ）、ケーススタディおよび裁判所への報告、試験監護期間（同法第三条第一一項および一二項）を挙げた。このうちケーススタディ等については、日本の家庭裁判所調査官の調査で代行し、試験監護期間も、フィリピン法が子の最善の利益になる場合には短縮できることから、これを短縮し、要件の充足を認定した。

③Cの保護要件としてのフィリピン法の適用について

本審判では、子の保護要件としてフィリピン法が適用されるところ、フィリピン国内養子縁組法上の保護要件を、当事者等の同意（養子となるものが一〇歳以上の場合にはその者本人、判明している場合には実（両）親、養親および養子の一〇歳以上の嫡出子および養子がいる場合にはそれらの者、養親およびその配偶者と同居する一〇歳以上でない嫡出でない子がいる場合にはそれらの者、養親となる者または養子となる者の配偶者がいる場合にはそれらの者の同意。以上同法第三条第九項）、裁判所による養子縁組決定（第三条第一三項）とし、①を満たし、②も我が国の家庭裁判における許可審判で代行できると判断した。本審判では、フィリピン法上の「決定」についても日本法上の成立審判ではなく、許可審判に相当するとして、許可審判によりこれを代行するとした。この点は、分解理論（注1参照）を前提とするものである。

（二）第二事例について

〈概要〉

ニュージーランド国籍および甲国籍を有する男性（A）と日本人女性（B）が平成二三年（二〇一一年）に婚姻し、Bには日本国籍および乙国籍の非嫡出子（平成二九年（二〇一七年）生まれ、C）がいる。Cの実父であるDは、Cと面会交流を行っている。

現在ABおよびCは同居しており、夫婦であるABは、夫婦共同養子縁組の許可審判を申し立てた事案である。当事者ABは養子縁組に同意しているが、Dはこれに反対している。この事例においても、ABCの住所が日本国内にあることから、申立ての国際裁判管轄が認められる（家事事件手続法第三条の五）。

〈結論〉

夫婦共同養子縁組許可を認める審判が下された。

〈準拠法の適用〉

①Aの本国法の決定および適用について

Aはニュージーランド国籍および甲国籍であるので、Aの本国法を特定する必要がある。本審判では、通則法第三八条第一項により、ニュージーランド法をAの本国法と認定した。

また、ニュージーランド法として、同国一九五五年養子法（Adoption Act 1995）上の要件を検討し、養親となるものが二五歳以上で養子と二〇歳以上離れていること（同法第四条第一項（A））、養子となる者が六カ月以上養親となる者の監護下にあること（同法第一三条第一項および二項）、実父母の同意（同法第七条第一項ないし第三項）、裁判所の命令が発せられること（同法第三条第一項、第一六条第二項）等[8]を検討し、いずれも充足するとした。また、Dの同意は、ニュージーランド法上、養子縁組により実親との関係が断絶するが、日本法上の普通養子縁組が実親との親子関係が断絶しない法制をとることから、AおよびBの本国法を累積的適用する結果、Aとの関係においても後者の普通養子縁組が成立するためDの同意は不要と判断した。裁判所の命令については、許可審判で代行した。

②Bの本国法である日本法の適用について

本審判においても、特段の理由なくBの日本法上の要件を認定している。

③Cの本国法の特定および保護要件の適用について

本審判では、Cが日本国籍と乙国籍を有しているから、子の保護要件としてCの本国法が問題となる。通則法第三八条一項但書に基づき、日本法が本国法となる。

日本法上の保護要件については、本審判では判断されていないが、Cが一五歳以下であることからBの同意（民法第七九六条）が必要であるところ、これらは当然に満たしている。

〈その他の問題点〉

本審判では、Aの本国法がニュージーランド法であるところ、同国国際私法（または同国国際裁判管轄ルールに基づき、同管轄を認めた上で、法廷地法を適用するルール）に基づき反致が成立し、日本法がAとの関係で適用されるか否かも問題となるが、この点は特段判断されていない。

また、Aの本国法が（断絶型かつ）決定型の養子縁組であり、Bの本国法が非断絶型の契約型養子縁組を採用する場合には、我が国においては、注1と同様に許可の審判となる。そして、Aとの関係でも非断絶型の養子縁組が成立するとされる。本審判はそれに沿ったものである。

六．まとめ

結びとして、他国との比較で日本の実務上の特徴を示す。

第一に通則法の規定が、特に実質的成立要件につき、養子縁組当事者の本国法主義を採用する結果、夫婦共同養子縁組の場合に適用される各養親の本国法が採用する養子縁組法制が異なる場合が存在する。したがって、これらの各本国法が累積的適用される場合には、それぞれの準拠法上の効果等について解釈問題が生じる。例えば、子の常居所地に国際裁判管轄を認め、管轄のある地、つまり法廷地法を一律に適用する国や地域では、このような問題が生じない。

第二に、具体的な手続は法廷地法（日本法）によるが、日本における養子縁組の事件類型（許可審判、成立決定審判、人事訴訟等）は、通常日本法を前提としたものである。外国法を準拠法として日本国内で適用する結果、我が国の審判手続と外国準拠法の適応および調整の問題が生じる点にも特徴が存在する。

第三に、準拠法のみならず、反致の成否を検討するために、実務家が当事者の本国法の内容のみならず、本国法の所属する国の国際私法規定を調査する必要があることも、渉外養子縁組の実務上の特徴であると言える。

注

1 未成年子を養子とする夫婦共同養子縁組において、一方の本国法が決定型養子縁組を採用し、他方の本国法が契約型養子縁組を採用しかつ裁判所の許可が要件である場合、養子縁組成立決定の審判ではなく、許可の審判においてこれを代行することになる（そして、方式については日本法上の創設的届出で代行することになる。いわゆる「分解理論」。）。この分解理論の当否等や夫婦共同縁組の養親双方の本国法が異なる法制を採用している場合の処理の詳細は、ここでは割愛する。なお、許可審判ではなく、成立の審判により、断絶型養子縁組よりも要件の厳しくない普通養子縁組（契約型養子縁組）を成立させることも可能である。この場合、同審判で法的に養子縁組が成立するので、審判後の届出は、創設的届出ではなく報告的届出となる。

2 本文中一（二）①の場合は、成立の審判により、養親子関係が成立するものの、日本人を当事者とする場合を含め、我が国の戸籍法により報告的届出を求められる場合がある。

3 二〇二〇年度司法統計（https://www.courts.go.jp/app/files/toukei/244/012244.pdf）参照。

4 我が国では、成立に関する家庭裁判所の審判事件以外に、既に成立した養子縁組関係の事件として①死後離縁の許可の審判（家事事件手続法一六三条、同法別表六二の項）や特別養子縁組の離縁の審判（同法一六五条、同法別表六四の項）の審判手続があり、②これら審判手続以外にも、養子縁組関係の無効および取消の訴え、離縁の訴え、協議離縁の無効および取消の訴え、養親子関係存否確認等の事件が、人事訴訟法上の「人事に関する訴え」に該当する。②については、国際裁判管轄は人事訴訟法三条の二第一号ないし七号に国際裁判管轄規定が存在する。

5 英米法上のドミサイル（domicile）等とは異なる点につき注意が必要である。

6 なお、フィリピンの国際私法規定である、同国民法一五条が、身分に関する問題について、当事者の本国法を適用する旨定めているため、反致は成立せず（四一条）、Bの本国法であるフィリピン法が適用される。

7 Republic Act No.8552。ただし養子法の改正により、フィリピンでは新法（Domestic Aadministrative Adoption and Alternative

Child Care Act of 2022）が制定され、新法は令和四年（二〇二二年）一月二八日に施行されている。新法制定により、国内養子縁組法は廃止されたことから、第一事例は旧法下の判断となる。

8 その他、原則として夫婦共同養子縁組であること（同法三条二項および三項）、ソーシャルワーカーの報告書の提出（同法一三条三項（a）、四項（c））があるが、後者については、審判においてこれが手続規定であり適用を要しない（仮に要するとしても家裁の調査報告書で代替できる。）とした。

第二部

外国法について

第一章　韓国の国際養子縁組法制

琉球大学准教授
李妍淑

はじめに

二〇一七年五月二一日、米国人と養子縁組をしていた韓国出身の男性が韓国の自宅マンションから投身自殺したことが報道され、当時の韓国社会に大きな衝撃を与えた。[1] 男性は、米国において無国籍の状態で軽犯罪に巻き込まれ、二〇一二年に不法滞在者という理由で韓国に退去させられた。身寄りもなく言葉もできない孤独な状態で、自殺という極端な選択をしたものとされる。二〇〇〇年代以降、韓国出身の養子が米国で国籍を取得できず、韓国に退去させられることがたびたび起きていたが、こうしたことは韓国と米国の異なる国際養子縁組法制に由来するといわれる。すなわち、特に米国の場合、養子縁組と国籍取得は手続的に分離され、養子縁組に関しては各州裁判所の管轄であるのに対して、国籍取得に関しては連邦政府の管轄となっているため、養子の無国籍状態を生み出しやすい。こうした状況を改善・防止するために、韓国では、二〇一五年に養子縁組に関する特例法が改正され、国際養子縁組における事後的管理を義務化した。

表１　年度別の養子縁組の状況（単位：人）

区分	合計	2010以前	2011	2012	2013	2014	2015
合計	249,635	238,105	2,464	1,880	922	1,172	1,057
国内	81,350 32.6%	74,409 31.0%	1,548 62.8%	1,125 59.8%	686 74.4%	637 54.4%	683 64.6%
国外	168,285 67.4%	163,696 69.0%	916 37.2%	755 40.2%	236 25.6%	535 45.6%	374 35.4%

区分	合計	2016	2017	2018	2019	2020	2021
合計	249,635	880	863	681	704	492	415
国内	81,350 32.6%	546 62.0%	465 53.9%	378 55.5%	387 55.0%	260 52.9%	226 54.5%
国外	168,285 67.4%	334 38.0%	398 46.1%	303 44.5%	317 45.0%	232 47.1%	189 45.5%

出典：保健福祉部2022年5月11日報道資料（2022年11月28日最終閲覧）
https://www.mohw.go.kr/react/al/sal0301vw.jsp?PAR_MENU_ID=04&MENU_ID=0403&CONT_SEQ=371450

本稿では、アジア太平洋地域の国際養子縁組法制に対する比較研究の一環として、信頼度の高い行政機関のデータ、関連法制および現場で使用される実務マニュアル等を参照し、韓国の国際養子縁組法制に関する現状を概観する。

一．データからみる国際養子縁組の実態

韓国の国際養子縁組の歴史は、一九五〇年代に戦争孤児や米軍兵士と韓国人女性の子を救済する目的で米国へ移住させたことから始まるが、七〇年代に入ると、状況が一変して、未婚女性や貧困家庭の子どもへとその対象が変わり、現在に至る。国際養子縁組に係る諸手続に関しては、主に国から認可されたあっせん機関を通じて行われてきた。統計によれば、二〇二一年までの国際養子縁組の合計人数

表2　受入国の状況（単位：人）

年	合計	米国 USA	スウェーデン SWE	カナダ CAN	ノルウェー NOR	豪州 AUS
2019	317	232	13	23	12	10
2020	232	156	18	19	7	17
2021	189	126	14	17	7	11

年	合計	ルクセンブルク LUX	デンマーク DNK	フランス FRA	イタリア ITA	英国 UK	ドイツ DEU
2019	317	3	3	5	15	1	–
2020	232	1	3	2	9	–	–
2021	189	3	3	1	7	–	–

出典：保健福祉部2022年5月11日報道資料（2022年11月28日最終閲覧）
https://www.mohw.go.kr/react/al/sal0301vw.jsp?PAR_MENU_ID=04&MENU_ID=0403&CONT_SEQ=371450

は、一六万八二八五人（六七・四パーセント）であり、これは国内の養子縁組の合計人数（八万一三五〇人（三二・六パーセント））の二倍を優に超えている（表1参照）。また、主な送り先は、米国を中心とするヨーロッパ諸国およびオーストラリア等の先進国であり、特に米国に関しては、長い間、受入国として最多の件数を占めており、そうした状況は近年のデータからも明らかである（表2参照）。

二．国際養子縁組をめぐる法制の状況

(一) 国際法の観点から

韓国は、養子の送出国として、二〇一三年五月二四日にようやくハーグ国際養子縁組条約に署名したものの、まだ批准しておらず、国連およびハーグ国際私法会議で幾度にわたって法政策の見直しや改善が

求められてきた。また、近年多発する国際養子に関する不運な事例は、国際養子縁組制度の問題点を露呈させた。こうした状況を受けて、保健福祉部は、子どもの人権保障のための法整備に本腰を入れ、現在、児童基本法の制定を目指している。[2]

（二）国内法の観点から（養子縁組に関する特例法を中心に）

養子縁組をめぐる国内の法制度には、民法、児童福祉法、養子縁組に関する特例法等が挙げられるが、そのうち、養子縁組に関する特例法（原文：입양특례법。以下、特例法という。）は特に重要である。特例法は一九七六年に制定され、その間、幾度も全面または一部改正が繰り返されてきた。

まず、特例法は養子縁組に関する基本的な考え方を定めている。すなわち、①子どもの福祉の最優先（第四条）、②国内養子縁組の優先（第七条）、③国際養子縁組の縮小（第八条）、④不当な金銭的利益取得の禁止（第一三条第二項）、⑤政府に認定された養子縁組代理機関によるあっせん（第一九条第二項、第二〇条）、⑥秘密保持義務（第三七条）等である。

また、特例法第一条では、要保護児童の養子縁組における要件および手続に関する特例と支援に必要な事項を定めることにより、養子となる子どもの福祉を増進することを目的としていると定め、養子となる対象を要保護児童に限定した。ここでいう「児童」とは、一八歳未満の者を指し（第二条第一号）、その人数は、二〇一〇年の八五九〇人から二〇二一年の三六五七人へと減っており（表3参照）、近年の子どもや家族をめぐる社会福祉関連法政策の改善や充実等がその減少理由として考えられる。

養親の有資格者は、二五歳以上四五歳未満の者に限定し、[3] 一定の財力および養育・教育能力が求められる他、犯罪・薬物中毒の経歴がないこと、養子を人権侵害の恐れのある職業に就かせないこと、養子縁組が成

表３　数字でみる要保護児童の現状（単位：人）

年	2010	2011	2012	2013	2014	2015	2016	2017	2018	2019	2020	2021
合計	8,590	7,483	6,926	6,020	4,994	4,503	4,583	4,125	3,918	4,047	4,120	3,657

出典：保健福祉部HP（2022年11月28日最終閲覧）
http://www.mohw.go.kr/react/jb/sjb030301vw.jsp

立する前に所定の教育を受けること等も求められる（第一〇条）。養子縁組に際しては、親権喪失の宣告を受けた場合、または所在不明等の事由により同意が得られない場合を除いて、必ず実親の同意を得なければならない（第一二条）。養子本人の同意年齢は満一三歳以上とするとともに、新生児については出生後一週間という熟慮期間が経過してから実親の同意を求めるべきであるとした上で、同意の対価として金銭的利益の授受に関する一切の約定は認めず、同意にあたっては事前に十分な説明や相談が行われなければならない（第一三条）。すべての養子縁組は、国内外を問わず、家庭裁判所の許可手続を必要とし、認容審判の確定時よりその効力が発生する（第一一条、第一四条、第一五条）。また、養子縁組が成立すれば、養子は養親の婚姻期間中に生まれた子とみなされ、実親との親子関係は終了することになる（第一四条）。他に、養子縁組に関する情報公開制度も導入され、養子は児童権利保障院または養子縁組あっせん機関に保管されている個人情報の公開を求めることができ、当該機関は特別な事情がない限り、それに応じなければならない（第三六条）。養子縁組あっせん機関は、①国内養子縁組を優先的に推進すること（第七条）、②養親となる者および実親に対して教育・相談を行うこと（第一〇条第三項、第一三条第三項）、③事後的管理を強化し保健福祉部長官に養子の国籍取得状況を報告するとともに、養子の母国訪問等事業を実施すること（第二五条）、④事業従事者を対象に研修・教育を行うこと（第二〇条第五項）等の義務を負う。なお、養子縁組あっせん機関は、その設立および運営にあたって、保健福祉部長官の許可が必要であり、二〇二二年一月現在まで、ＨＯＬＴ児童福祉会、大韓社会福祉会、東方社会福祉会の三団体が許可されている。

三．国際養子縁組の流れ

養子縁組に際しては、養子縁組関連情報統合管理システム（Adoption Centralized Management System, ACMS）への登録が求められる。養親および養子（実親を含む）に関する個人情報のほか、養子縁組成立に関わる情報、すなわち、家庭裁判所の許可日、養子の引渡し、養子縁組後の氏名、出国日、国籍取得の有無等が登録され、誰が・いつ・どのように・どこへ養子縁組されたかという一連のプロセスを可視化することで、適正な管理を目指している。

養子縁組を主要業務とする児童権利保障院によって作成された二〇二一年版養子縁組マニュアルによれば、国際養子縁組は次の順番で行われる。①まず、養子縁組に際して、実親および養子となる子ども（満一三歳以上）の同意とともに、子どもの身分関係を確認できる書類等の提出が求められる。②次に、国内養子縁組優先原則の下、五カ月間にわたって国内養親縁組が試みられるが、期間内に養親が見つからない、またはあっせんが不成立であった場合には、即時国際養子縁組の手続に入る。③養子と養親のマッチングが行われ、成立すれば、保健福祉部長官宛に海外移住許可申請および家庭裁判所の認容審判の手続に移る。④そしてパスポートやビザの申込手続が終われば、韓国国内にて養子の引渡し等が行われる。⑤出国後、受入国の養子縁組の許可を得る必要があるが、その手続は基本的に当該国の家庭裁判所で行われ、その許可を基に国籍を取得すれば（同時に、韓国籍抹消）、養子縁組の一連の手続は終了することになる。ただし、国内の養子縁組あっせん機関においては、養子の国籍取得状況について一カ月以内に保健福祉部長官に報告する義務があり、その後も一年間、養親子間の適応状況等を観察し、必要に応じて相談窓口の設置等の支援を行う等、事後的サービスの提供が求められている（第二五条）。

おわりに

以上のように、国際養子をめぐる韓国の法制度は、特例法を中心に展開され、養子となる者は要保護児童に限定される。また、子どもの福祉の最優先原則の下、最初は国内養子縁組を優先的に推進されるものの、毎年、国際養子縁組される人数は養子縁組全体の五割を超え、韓国は送出国としての地位を維持し続けている。その原因として考えられるのは、①血縁および出自（特に社会的身分）を重視する家族観の下、養子縁組に対する抵抗が強いこと、②国内養子縁組における優先期間・熟慮期間の短さ、③要保護児童を生み出す制度的仕組み等である。ここにまつわる問題を直視するならば、何より子どもの福祉を最優先することの意味を、単に抽象的で印象論的ではない、具体的で実践性のある形で展開されるべきものとして理解し直す必要がある。国境を超えて家族を形成する国際養子縁組には、未知のリスクが含まれており、たとえそれが行われるにしても、すべてのプロセスにおいて子どもの福祉が最優先される形で慎重に実現されることが望ましい。国内養子縁組を優先することを掲げる韓国の動向については、今後も注目していきたい。

注

1 「중앙일보」二〇一七年五月二四日付の記事による（二〇二二年一一月二八日最終閲覧）。

https://news.koreadaily.com/2017/05/24/society/generalsociety/5291281.html

2 当時は、基本的に受入国における養子縁組手続が終了し、かつ養子が引き渡されると、養子は韓国国籍を喪失することになっていた。それに、養子の国籍取得状況を事後的に確認、かつ支援するシステムが用意されていなかったため、無国籍の事態が起きやすかったのではないかと思われる。

3 이경은「국제입양과 국적에 대한 국제규범과 미국의 한국출신 입양인 추방」、인권연구1권1호、一一七-一五二頁。

4 例えば、児童権利保障院は、今年度より、子どもの基本的人権を保障するための児童基本法の制定に向けて、各界の専門家によるリレーフォーラムを企画しており、これまですでに五回開催されている。保健福祉部ＨＰ（https://www.ncrc.or.kr/ncrc/na/ntt/selectNttList.do?mi=1386&bbsId=1091）参照（二〇二二年一一月二八日最終閲覧）。

5 特例法の施行規則第四条。

第二章　フィリピンにおける国際養子縁組

名古屋大学大学院学術研究員
伊藤弘子

一．フィリピンにおける養子縁組

フィリピンは、一六世紀からスペインの植民地支配下にあった影響で、人口の八〇パーセントがローマ・カトリック教徒で、九パーセントは他の宗派のキリスト教を信仰している。カトリックの教義の影響でフィリピンには離婚制度が存在せず、中絶を忌避すべきと考える者も多いため、複雑な親族・親子関係が生じがちである。ユニセフによると、総人口が一・一億人であるのに対して一八歳未満の子どもの人口は四〇〇〇万人近くにのぼり、一八歳未満の子どもの三五・五パーセント（二〇〇九年）が貧困層に属するとされる。[1]これに対して、フィリピン上院が二〇二〇年に公表したデータでは一〇〇万人以上の子どもが遺棄・ネグレクトされ要保護状態にあると示される。[2]

政府が国民の移住労働を奨励する政策をとってきたことから、日本にも一九八〇年代以降に多くのフィリピン人女性が接客業・飲食業に従事して定着し、日本人と婚姻するなどして日本に定着した者も多い。法務省の出入国管理統計によると、三〇万人弱（二〇二一年）のフィリピン人が日本に在留し、この中には日本人との親族関係を有する者も多い。[3] バブル期前後から定着してきたフィリピン人女性と日本人との国際結婚カップルの場合には、フィリピン人配偶者の連れ子や親族を養子縁組する事例として国際養子縁組が行われることがある。日本で行われる国際養子縁組の事例については、本ブックレット第一部の第一章と第三章で日本の国際私法との関係から説明している。

　フィリピンの養子縁組に関わる主要な法源として、「家族法（一九八八年）」（Family Code）、「国際養子縁組法（一九九五年）」（Inter-country Adoption Act）および「国内養子縁組法（一九九八年）」（Domestic Adoption Act）が知られてきた。二〇二二年一月に施行された「国内行政的養子縁組及び代替的児童養護法（新養子法）」（Domestic Administrative Adoption and Alternative Child Care Act）により、国内および国際的な養子縁組の手続が簡易化および統一され、裁判所ではなく国家機関たる国家児童養護庁（National Authority for Child Care）の決定により養子縁組が法的に成立することになった。フィリピンは、ハーグ国際養子縁組条約および二〇一五年のＡＳＥＡＮのトラフィッキング禁止条約（ASEAN Convention against Trafficking in Persons, Especially Women and Children）にも加盟しており、ハーグ国際養子縁組条約に基づく国際養子縁組の手続は、国際養子縁組法で定められている。同法では、可能な限り非親族間国際養子縁組を避け、親族間養子縁組または国内における非親族間養子縁組を優先すべきとされている。[4] 現在、フィリピン法の下では、①認定を受けたあっせん機関による通常の養子縁組、②親族間養子縁組（四親等以内）、③通常の養子縁組における年齢要件に合致しないが慢性疾患等により特別な配慮を必要とする者の特別な養子縁組（SNC/SHF）、④認定あっせん機関以外の仲介または実親と養親が直接的に交渉し合意する養子縁組（DE/TP）がある。このうちのいずれも、国家機関による監督の下で決定を受けた縁組のみが、法的な親子として認められ、養子縁組の効力を生じさせることができる。

二．フィリピンにおける養子縁組の要件

フィリピン法における養子縁組は、原則として一八歳未満である子を対象とする。ここには、認定を受けたあっせん機関による通常の養子縁組の対象とされる国家機関から養子縁組資格認定された子のほか、養親となろうとする者の配偶者の連れ子や、養親となろうとする者が、その事実上の家族として三年以上同居し養育してきた子も含まれる。これに対して養親となる者には、養子となる者より一六歳以上年長でなければならないとする年齢要件の他に、養親として養育にあたるのに相応しい人物として認められるための人格や資力に関する要件等が課される。ただし、養子となろうとする者またはその親と養親とに親族関係がある場合には、これらの要件は緩和される（第二一条）。養親となろうとする者と養子となろうとする者との間に親族関係がない場合には、原則として養親は夫婦で共同縁組をしなければならない（第二一条第二項）。当事者たちのケース・スタディと六カ月以内の試験監護期間を経て、当該子の最善の利益にかなうと判断される場合に、国家機関によって養子縁組の許可が下り、養子は養親の嫡出子とみなされ、かつ養親が親権者となる。

子本人の出自を知る権利についても定められており、フィリピン法では、養子本人が成長してから、養親自らが養子縁組の事実を開示すべきとされ（第四四条）、養子の生物学上の家族の情報提供の請求も可能とされている。実親子関係が新法による養子縁組では断絶されるため、養子縁組の解消は原則として認められない。養子の生命や身体への危険がある場合に限り、養子本人、担当吏員または養子の後見人が国家児童養護庁に対して養子縁組の解消の承認を求めることができる。しかし、養親の申立てに基づく縁組解消は認められない。かねてよりフィリピン法では、養子となる子の保護のための措置（セーフガード）が制度化されていること

が知られてきたが、新法でも、養子縁組について、①養子となろうとする者が一〇歳以上である場合には、本人、②養子となろうとする者の生物学上の父母、法定後見人または国家児童養護庁（三年以上事実上の家族として同居養育されてきた場合を除く）、③養親に一〇歳以上の子がいる場合には、その子、④養親と同居する者、養親が親権行使している者およびその配偶者と同居している養親の嫡出でない子、⑤養親または養子となろうとする者に配偶者がいる場合にはその者が、書面による同意を提出しなければならない（第二三条）と定めている。

新法に基づく国際養子縁組は従来の国際養子縁組法を修正しており、本法はハーグ国際養子縁組条約に基づく締約国間の協力体制の下で行う国際養子縁組手続を前提とした法律である。本法では、養親が許可を得て養親となる者を本国に帯同し、本国において試験監護をした後に当該本国で最終的な養子縁組の成立をさせ、フィリピンでの身分登録に反映させるという体制自体は維持しつつ、フィリピンにおいて対応する機関・部署を、新法により新たに設置された機関に移管した。日本はハーグ国際養子縁組条約の締約国ではないため、日本でフィリピン人夫婦がその一方の連れ子や親族を養子とする場合には、養親の本国法たるフィリピン法として、新法が準拠法となる。

次項では、国際養子縁組における①通常の縁組、②親族間縁組、③特別配慮縁組、④あっせん機関によらない直接縁組および⑤医療上の必要性による里親委託の数値を示す。

フィリピンで国家機関による養子縁組資格の認定を受ける子どもは、実親が任意に養子あっせん措置に委ねたか、あるいは棄児等として養子縁組の対象とされるべきことが認められた子どもであり、近年は養子縁組件数自体が減少傾向にあるだけでなく、実親の委託による養子あっせん件数が減少し、両者の件数の差が少なくなっている。[5] 国際養子縁組により子どもたちが引き取られ生活拠点を移す国は、欧米が多かった。しかしながら、COVID-19の影響で近年の数値は激減している。北米（アメリカ、カナダ）に国際養子縁組される子

表　フィリピンにおける養子数の類型別推移

年	①通常の養子縁組	②親族間養子縁組	③SNC/SHF	④DE/IP	⑤MM
2010	278	59	70	14	5
2011	227	106	65	8	0
2012	221	82	44	17	0
2013	269	78	58	28	0
2014	273	85	37	19	1
2015	215	91	41	21	0
2016	172	105	27	12	0
2017	187	100	29	16	0
2018	124	70	23	8	0
2019	83	53	56	7	0
2020	40	30	16	9	0
合計	2089	859	466	159	6

※①〜⑤が示す類型は以下のとおり。
①国家機関が認定したあっせん機関による通常の養子縁組
②親族間養子縁組
③特別な配慮を要する子どもの養子縁組
④認定あっせん機関によらない直接的な養子縁組
⑤医療上の必要性から緊急に外国人里親による養育が認められる者
※国際養子縁組評議会（ICAB）の公表データより筆者が作成。
ICAB, "Quick Facts on Children" (2021) https://icab.gov.ph/TRANSPARENCY%20SEAL/Transparency%20seal/Report/General%20Statistics%20Report%20%20December%2031%202020.pdf?_t=1618982792)

どもが、親族以外の在米フィリピン人やフィリピン系国民と養子縁組されているかは、統計からは明らかでない。しかし、新法の第二条（政策提言）（h）号が、「子のアイデンティティと子の出生地における文化を維持するために国内養子縁組を奨励し、それが不可能な場合に限り、国際養子縁組が考慮されるべき」と定めていることを考えても、フィリピン人としてのアイデンティティや文化を継ぐことが可能なフィリピン系の養親候補者と養子縁組をすることが「子の福祉」となると考え、マッチングの際の考慮材料とされる可能性はあるだろう。

三．新法の意義

新養子縁組法は、養子縁組・里親委託制度に関する従来の複数の法律を改廃し、次の四つの柱を置いた。すなわち、①養子縁組およびその他の代替的児童養護の制度において、子の最善の利益に至高の考慮が払われるべきことを、あらためて宣言すること、②養子縁組および代替的児童養護に関連した業務を、新設する国家児童養護庁に集約させ、国際的および国内的養子縁組全体を統一的に監督させること、③養子縁組、里親委託、親族による養護、家庭的養護および施設養護等について、子の最善の利益に資する安価で迅速な体制を構築すること、そして④養子となる子への危険、虐待、搾取や、出生記録上の母を偽って登録する不正作出記録の処罰をすること、である。本法により、養子縁組制度を統括する国家機関が集約され、かつ、本法の施行に当たって既存の機関からの移管期間中の手続の扱いも含めて詳細に定められた上で迅速に法整備が遂行されている。COVID-19の影響下にあって停滞してきた養子縁組手続を推進し、要保護児童への対応を迅速に進めることが、何よりの急務であると考える政策の表れであろう。

注

1 UNICEF, How many children are there in the Philippines? , https://data.unicef.org/how-many/how-many-children-under-18-are-there-in-the-philippines/（最終確認二〇二二年一一月二〇日）

2 UNICEF, Child Poverty in the Philippines, p.8, https://www.unicef.org/philippines/media/461/file/Child%20Poverty%20

in%20the%20Philippines.pdf、Senate of the Philippines, Pia: Over a million abandoned, neglected kids need a caring home, https://legacy.senate.gov.ph/press_release/2020/0228_cayetano1.asp（いずれも最終確認二〇二三年一一月二〇日）

3 入国管理局出入国管理統計（二〇二一年）https://www.e-stat.go.jp/stat-search/files?page=1&layout=datalist&toukei=00250011&tstat=000001012480&cycle=7&year=20210&month=0&tclass1=000001012281（最終確認二〇二三年一一月二〇日）

4 新法の第二条では、「当該子に拡大家族の中で適切なプレイスメントや養子縁組がなされ得ないということが証明された場合に限り、親族関係にない者との養子縁組が検討されるべきである」とされている。https://www.officialgazette.gov.ph/downloads/2022/01jan/20220106-RA-11642-RRD.pdf（最終確認二〇二三年一一月二〇日）

5 この注が対象となる本文該当箇所以降の数値は、新法により体制が移行する前の国家機関Inter-country Adoption Board (ICAB)が作成し公表したデータによるものである。ICAB, Quick Facts on Children (2021) https://icab.gov.ph/TRANSPARENCY%20SEAL/Transparency%20seal/Report/General%20Statistics%20Report%20%20December%2031%202020.pdf?_t=1618982792（最終確認二〇二三年一一月二〇日）

第三章　シンガポールの新しい養子法制について

シンガポール経営大学教授
チャン・ウィンチョン
室蘭工業大学大学院教授
［抄訳］清末愛砂

一．養子縁組をめぐる状況と関連法

シンガポールでは、養子縁組は裁判所の命令に基づいて行われることになっている。裁判所から養子縁組の命令が発せられると、養子は実親との関係がその時点で終了する。毎年おおよそ三五〇件ほどの養子縁組がある。そのうちほとんどが海外から来た子どもの養子縁組のケースであると考えられる。シンガポール人の子どもが養子縁組の対象になることはほとんどなく、またシンガポール人の子どもが養子縁組を目的に海外に行くこともないからである。ただし、シンガポールはハーグ国際養子縁組条約の締約国ではない。

シンガポールには、養子縁組に関して「一九三九年養子法」(Adoption of Children Act 1939) という古い法律がある。[1] しかし、二〇二二年五月に、同法の内容を踏襲し、かつそれらを大幅に補完する「二〇二二年養子法」

（Adoption of Children Act 2022）という新法が制定された。新法は二〇二三年施行予定であり、本国際シンポジウムの開催時点では施行されていないが、旧法にあらたな多数の補完条項が加えられたため、本報告では旧法と比較しながら新法の内容を紹介する。

二．新法の制定理由

新法は要件や手続についてかなり多くの変更をしたが、その大きな目的の一つは、二〇一八年の高等法院（High Court）による判断（*UKM v Attorney General*）に対応することにあった。同性愛者の男性カップルが米国で代理母に子を出生してもらったことに端を発する裁判例である。詳細は省略するが、ここで心に留めておくべきことは、本裁判例には養子縁組と代理懐胎という二つの論点が含まれている点である。二〇一八年当時、シンガポールでは代理母に関する姿勢が定まっていなかった。本件に関する下級裁判所の判断は、自分の子であったとしても同性愛者が当該子を養子縁組することは認めないとするものであった。ところが、高等法院はそれを翻して、養子縁組を認めるという判断を下した。

今後、二〇一八年の事例のような事案が発生した場合に、新法がどのような対応をするかということを述べる前に、まずは新法の内容について説明する。

三．新法の内容

（一）旧法から続く養子と養親の要件

旧法のときから定められている養子と養親の要件は次の通りである。シンガポールでは、養子の対象となる子はシンガポールの居住者（resident）のみに限られている。居住者とは、合法的にシンガポールに居住している者を指す。海外から養子縁組を目的としてシンガポールに渡航する場合は、事前に当該子に関する調査が行われ、その結果、渡航が認められたならば、「扶養家族用パス」（Dependent's Pass）[2]が発給される。したがって、海外出身の子どもが観光ビザでシンガポールに滞在している場合には、養子縁組の手続を進めることができない。この措置は、人身取引を防止するためである。

養子になる子の年齢は二一歳未満でなければならず、現在婚姻中でないこと、および以前に婚姻経験がないこととされている。養子縁組は、両配偶者（夫婦）が共同で行う場合を除き、養親となる者は単独で縁組をしなければならない。養子縁組の申立人は、原則として年齢が二五歳以上であり、かつ養子にしようとしている子より二一歳以上年長でなければならない。ただし、養親子の間に血縁関係がある場合はこの限りではない。

（二）養子と養親の要件

次に、新法で加えられた要件について説明する。従来より、一般的に男性が単身で女児の養子縁組の申立てを行うことは認められていなかった。それを受け、新法の下では、重大犯罪として列挙されている犯罪を行った者は、養子縁組の申立てが認められないことになった。重大な犯罪とは、例えば、性犯罪や麻薬の取引、暴力犯罪で子どもの世話をする能力がないと見なされた場合等をいう。また、申立人は、シンガポール国籍の者または永住権保持者のいずれかでなければならず、かつシンガポールを常居所としている者でなければならない。

ここまでで示した要件はあくまで一般的なものである。「養子縁組監督者」(Guardian-in-Adoption/GIA)として認められた者が養子を支援してきた場合は、裁判所はこれらの一般的要件を満たさなくても、養子縁組を認めることができることになっているからである。養子縁組監督者とは、養子縁組にかかる所轄大臣[3]により任命された公務員であり、養子縁組の手続において重要な役割を果たすことが求められる者を意味する。

なお、共同養子縁組を希望する夫婦は、シンガポールで婚姻した者、または海外で婚姻した場合には当該婚姻がシンガポールの婚姻法の要件を満たしている者のいずれかでなければならない。シンガポールは同性婚を認めていないため、結果的に同性愛者のカップルは養子縁組を行うことができないと解される。

(三) 養子縁組の手続

従来から養子縁組の申立人は申立て前の三年以内に事前説明会に出席しなければならないことになっている。そこでは、例えば、親としての義務や養育方法等について学ぶ。これに加え、新法の下では、申立て前の三年以内に養子の地位の開示に関する説明会にも出席しなければならなくなった。この説明会では、養親が将来、いかにして当該養子縁組のことを養子に伝えるかということを学ぶ。所轄省は、養親から子に養子であることを伝えることを勧めているが、それは必須要件とはなっていない。また、新法の下では、認定を受けたあっせん機関から事前に「養子縁組の適格性評価」(Adoption Suitability Assessment)を受けなければならなくなった。この適格性評価においては、申立人である夫婦の婚姻関係の安定性や養育能力、得られる支援状況等が見られる。評価の際に重要な点は、例えば、①養子縁組を通して、子が同性愛者のカップルの家族にならないこと、または②代理母もしくは生殖補助医療を通して、計画的なひとり親世帯が生じることにならないこと、といった政府の方針に反する縁組かどうかを見ることである。

そもそも養子縁組は、最終的に裁判所の命令によりなされるものであるため、裁判所がその成立の可否を決定することになる。従来から、裁判所はまずもって、当該養子縁組が子の福祉に適うものであるかどうかを判断しなければならないことになっている。この点に関して新法は、養子縁組の申立人が養親となるのに適切な人格を備えているかどうかを裁判所が判断しなければならないとした。また、従来から、養子となる子の年齢や成熟度に応じて、裁判所は当該子の意思を考慮したり、当該養子縁組にかかわる一定の人々から同意を得たりする必要がある。この場合の同意とは、当該子の実親または監護者、当該子の事実上の監護権を有する者、当該子に対する援助義務を負っている者からの同意を指す。ただし、裁判所は、次に掲げる人々からの同意取得の免除を認めることもできるようになっている。この点につき、新法は、例えば、当該子の実親が薬物依存症にかかっていたり、何らかの犯罪行為により刑務所に収監中であったりするような場合に、実親からの同意の取得を免除している。これは、子どもが国家の保護観察下に置かれているときに、実親が養子縁組の同意を与えることを拒否すると、当該子が新しい生活を始めることができないことになるため、そうした状況への対応を考えてのことである。

(四) 対価の支払の禁止

その他、新法は、養親になることを希望する者による要請がない限り、養子縁組を必要とする子どもについての広告や養子縁組にかかわるサービスに関する広告を出すことを認めていない。また、先述した認定あっせん機関による事前説明会や養子縁組の適格性評価の発行等に関する条項も追加された。養子縁組業務に関連して発生する費用の支払額についても、すべて開示されなければならなくなり、それ以外の請求がなされた場合には刑事罰の対象となる。裁判所は、必要に応じて当事者間のカウンセリングその他の措置を命じることができるようにもなった。この場合の当事者間とは、実親と実子、養親と養子、実親と養親の間を意味する。裁判所が命じるカウンセリングやメディエーションは、例えば、子どもを養子に出すことにした実親に残っているあきらめきれない感情や、子どもが養子縁組に対して抱いている感情等に対応することで、養子縁組にかかわる諸問題の解決を図ろうとするものである。

新法の下では、養子縁組に対する対価の支払は認められていないだけでなく、特段の事情により裁判所が支払を認めた場合を除き、刑事罰の対象にもなる。この点から鑑みると、代理懐胎に対する支払は犯罪と見なされることになる。加えて、あっせん機関や実親、弁護士のように養子縁組にかかわる人々には、こうした犯罪を養子縁組監督者に通報する義務が課せられており、そうしなかった場合にも刑事罰の対象となる。また、養子縁組に関連するいくつかの犯罪行為に対しては司法権の域外適用が認められている。これはすなわち、シンガポールの国外で行われた関連犯罪であっても、シンガポール法上の刑事罰の対象になることを意味するものである。

四. 変化しつつある社会

先に言及した二〇一八年の高等法院の裁判例に対して、仮に新法が適用されていたとすれば、当時の実際の判断とは大きく異なる結果が出されたであろう。新法で加わった要件に基づき、同性愛者のカップルが海外で代理懐胎を通して子どもを持ち、シンガポールで当該子の養子縁組の手続をとることは認められないからである。

ただし、同性愛者への対応に関して、シンガポール政府が一定の立場を示してきた一方、同性愛者のカップルが子どもを持つことに対する世論の見方は、最近では変わってきている。したがって、将来どのような変化が起きるかについて、このまま見守っていく必要があろう。

訳者追記

本報告に関連して、二〇二〇年九月に、国際養子縁組法制についての国際比較に関する特別研究報告会が開催された際に、チャン・ウィンチョン教授により、①国際養子縁組を含む養子縁組全体にかかわるシンガポール法（旧法）および②国際養子縁組の概況に関しての報告がなされている。この内容については、外国（身分関係）法制研究会「特別研究報告　国際養子縁組法制に関する国際比較」戸籍時報No.804（二〇二〇年一一月）、二五–二六頁を参照されたい。

訳注

1 シンガポールでは、国際養子縁組に関する特別な法律が制定されているわけではない。国際養子縁組の場合、渡航前に家庭調査報告書（Home Study Report）の作成（所轄省が紹介する国家の保護下にある国内の子どものケースも同様）やビザの申請等の手続が別途あるが（中国出身の子どもの場合は、中国法で合法と認められる養子縁組である必要がある等の別要件がある）、入国後は国内養子縁組と同様の手続で進められていく。

2 本来的には、一定の賃金以上を得ている被雇用者としてシンガポールに滞在する者が家族を呼び寄せるための帯同ビザのことを指す。

3 現行では「社会家族発展省」（Ministry of Social and Family Development）が養子縁組を所轄している。

第四章　子どもの権利条約の視点に基づく中国における国際養子縁組制度

西南政法大学（中国）准教授
石雷
摂南大学准教授
［抄訳］大川謙蔵

一．概要

ここでは、第一に、民法典時代の中国国際養子縁組制度の発展について、第二に、その長所と短所について、第三に、その改正に関する提案について扱う（訳注：時間の関係により第三点は省略された）。ただし、内容として、第一のものを中心に扱う。

中国で重要な国際条約は二つある。子どもの権利条約とハーグ国際養子縁組条約である。中国における養子縁組では、子どもの権利条約に書かれている権利の遵守が必須であり、そのため子の最善の利益を保障することが重要となる。同時にハーグ国際養子縁組条約の規制もあることから、中国がその権限を行使することとなる中国の法律もそれに従う必要があり、ハーグ条約の中にある養親および養子に関する要件を遵守する必要がある。

二、養子縁組の要件

ここで、民法典における要件を確認する。
民法典では四つの要件があり、第一に養子の適格性、第二に実親側の要件、第三に養親の要件、そして第四に当事者間の合意の点が挙げられる。

第一に、養子の適格性につき、民法一〇九三条によれば、養子になれる者は一八歳未満の未成年とされる。そこでは、孤児、つまり父母が亡くなっている、または裁判所で親子関係が断絶されている子(同条一号)、遺棄された子であり、生みの親が確認できない、もしくは特定できないという者(同条二号)、貧困家庭にいる子、その他特別な事情にある者(同条三号)が挙げられている。養子縁組の状況としては、幼い子の方が好まれている。

第二に、実親の要件として、民法一〇九四条から一〇九七条によれば、以下の者が子を送り出すことができるとされている。すなわち、父母と死別した子の監護者、社会福祉機構、および特別な事情により子を養育しえない父母(民法一〇九四条)である。子の同意も必要である。父母が見つからない、またはいないという以外は、養子を送り出すことはできないとされる。父母が制限行為能力者や障碍を原因とした民事行為無能力者という場合には、その後見人が送り出すこととなる。精神障碍により子に害を与える可能性がある場合には、その後見人が養子を送り出すこととなる(民法一〇九五条)。この場合には、未成年に対して様々な支援をしてきた者の同意が必要とされる。支援をしてきた者の同意が得られつつも、後見人が同意をしない場合には、他の後見人を立てることができる。

第三に、養親の資格として、以下の内容をみたす必要がある。すなわち、子を有しないまたは子が一人であること、養子を養育、教育および監護する能力を有すること、医学的に縁組を行うにつき不適当とされる疾患がなく健康であること、養子の健康および成長に不利益となりうる犯罪歴がなく遵法な者であること、ならびに、年齢が三〇歳に達していることである(民法一〇九三条)。夫婦の場合は両者が養子縁組に合意する必要がある。海外からの養親となる場合には、当該国の当局の同意が必要である。

民法の改正により新たに以下の内容が加えられ、それらが子の利益を守る上で重要となる。

まず、在外中国人(華僑)が自己の甥および姪を養子とする場合、養親の要件である子を有しないこと、または子が一人であることという制限を受けることはない。

次に、父母と死別した子、障害を有する子、または社会福祉施設にいる子と縁組をする場合、および遺棄された子、または実親が見つからない子と縁組をする場合、養親の要件である子を有しないこと、または子が一人であることという制限を受けることはない。

そして、配偶者のいない外国人男性が中国人女児を養子とする場合、その者と養子となる者との年齢差は四〇歳以上でなければならない。

渉外関係として、アメリカ、カナダ、イギリス、フランスなどとの養子縁組が実施されている。それ以外の国についても、養親の当該国の当局での許可が得られていれば、中国での養子縁組ができる。ハーグ国際養子縁組条約の締結国に関しては、各国での法律に従って手続が進められることとなる。つまり養子縁組の申請に基づいて縁組がなされることから、裁判所による手続による縁組はない。

第四に、関係者が三者以上（養親側、養子側、後見人等）いる場合、それら全ての者の同意が必要とされる。養子になる子が八歳以上の場合、その子の同意も必要となる。

なお、養親の資格は厳格化されており、二〇〇七年五月一日以降、以下のような要件が加えられている。すなわち、㈠婚姻期間が二年間または五年間（再婚の場合）継続していること、㈡夫と妻の双方が三〇歳に達しており、かつ五〇歳または五五歳未満であること、㈢夫婦が健康で、かつ良好なキャリアを有すること（good career）、㈣夫婦の教育状況、㈤養親家庭における未成年子の数、㈥夫婦の誠実性、㈦夫婦が養子縁組への良好な態度を有すること、および㈧夫婦が、規則に従い縁組後の適応確認訪問（postplacement visit）を受け入れること、およびその報告を行うことにつき申請書において明示的に同意をしていることである。これらは国際養子縁組について問題となる。さらに、国内養子縁組機関の規制によると、より良い環境に子を送り出すことと、国内養子縁組を優先することが求められている。

三．手続

手続については国によって変わるが、ここでは基本的流れを説明する。

まず、中国養子センターに申請がなされ、それが登録される。これらの申し込み書類として、出生証明、婚姻証明、経済状況の証明、犯罪歴がないこと、および法を遵守していることや許可などを示す必要がある。センターへの登録後、中国養子センターで書類の評価および検証がなされ、ペアリングが行われる。中国養子センターまたは社会福祉機構の許可が得られたのちに、養親へと通知書が送られる。その通知の受理後に、養親になるために、中国へ行き当局において最終的に登録等の養子縁組の手続を行う。

中国の国際私法である渉外民事関係法律適用法二八条[1]により、養子縁組の要件および方式の準拠法は、養親および養子の営居所地法とされる。さらに同条では、養子縁組の効力の準拠法は、養子縁組当時の養親の営居所地法と定める。すなわち、アメリカ人が中国で養子縁組をしようとする場合には、当該養子縁組の効力についてはアメリカ法[2]が適用されるのである。

中国の新しい制度の特徴として、第一に養親の要件を厳格化したこと、第二に、国内縁組を優先していること、第三に、ソーシャルワーカーが、外国関連の養子縁組でより積極的な役割を果たしていること、第四に、養子縁組の追跡調査、養子縁組後の報告、出自検索ツアーが取り入れられていることである。

新しい制度では、例えばアメリカ人と養子縁組した子は、後に中国に招かれるという制度が設けられた。社会福祉機構も、国外で養子縁組したときはそこを訪問することとなる。新しい制度では、養親が地元の社会福祉機構にコンタクトを取り、相談をすることもできるようになった。つまり、一歳や二歳で養子縁組をした子は、そのルーツを知る機会を得ることができるようになった。こういった機会を設けることによって、養子縁組の当局が子と両親がうまくいっているか確認できるようになっている。

四．今後の改善点など

改善点としては、第一に、「試験的縁組期間」のないことがあげられる。養親と子との接触が期間限定であることから、子が養親との生活という変化に適応できるかどうかを正確に把握することが難しいことがある。第二に、外国人養子縁組家庭への監督制度が不十分である。現在の養子縁組後の報告制度では、縁組後に養親が養子の正当な権利と利益を侵害する違法行為を阻止することができないとされている。

訳者追記

本報告に関連して、二〇二〇年九月に、国際養子縁組法制に関する国際比較についての特別研究報告会が開催され、石雷准教授により中国法に関してもそこで報告がなされている。この内容については、外国(身分関係)法制研究会「特別研究報告国際養子縁組法制に関する国際比較」戸籍時報No.804(二〇二〇年一一月)、二八-二九頁を参照されたい。

訳注

1 渉外民事関係法律適用法二八条
「養子縁組の要件及び方式については、養親及び養子の常居所地法が適用される。養子縁組の効力については、養子縁組当時の養親の常居所地の法令が適用される。縁組関係の終了については、縁組当時の養子の常居所地又は法廷地法が適用される。」(訳者訳)

2 アメリカは、場所的不統一法国であり、養子に関わる法制度は原則として各州の州法として制定される。本ブックレット第二部第七章においても、アメリカ全体としての傾向を説明するとともに、ハワイ州法における養子に関する法制度を紹介している。

第五章　タイにおける養子縁組法および国際養子縁組法

クリッスダー・サエンチャロンサップ
ランシット大学（タイ）講師
［抄訳］大川謙蔵
摂南大学准教授

一．養子縁組および国際養子縁組の状況

タイでは、出生率が二〇一二年の八一万八九〇一人から、二〇二一年には五四万四五七〇人へと減少しつつある（National Statistical Office, 2022）。この影響の一つとして、養子縁組や里親の増加がある。二〇一七年から二〇二一年までの養子縁組登録データによれば、タイの養子縁組数は毎年約八〇〇〇件と概算されており、バンコクは養子縁組率が最も高い地域である（The Bureau of Registration Administration, 2021）。しかし、COVID-19の蔓延以降、タイの養子縁組数は二〇一九年の九一四三件から、二〇二一年では六九七九件へと減少している（表1参照）。

養子縁組および国際養子縁組に関する基本的な法律として、民商法典（Civil and Commercial Code）の第五編、

表１　2017年から2021年までのタイの国内養子縁組に関するデータ

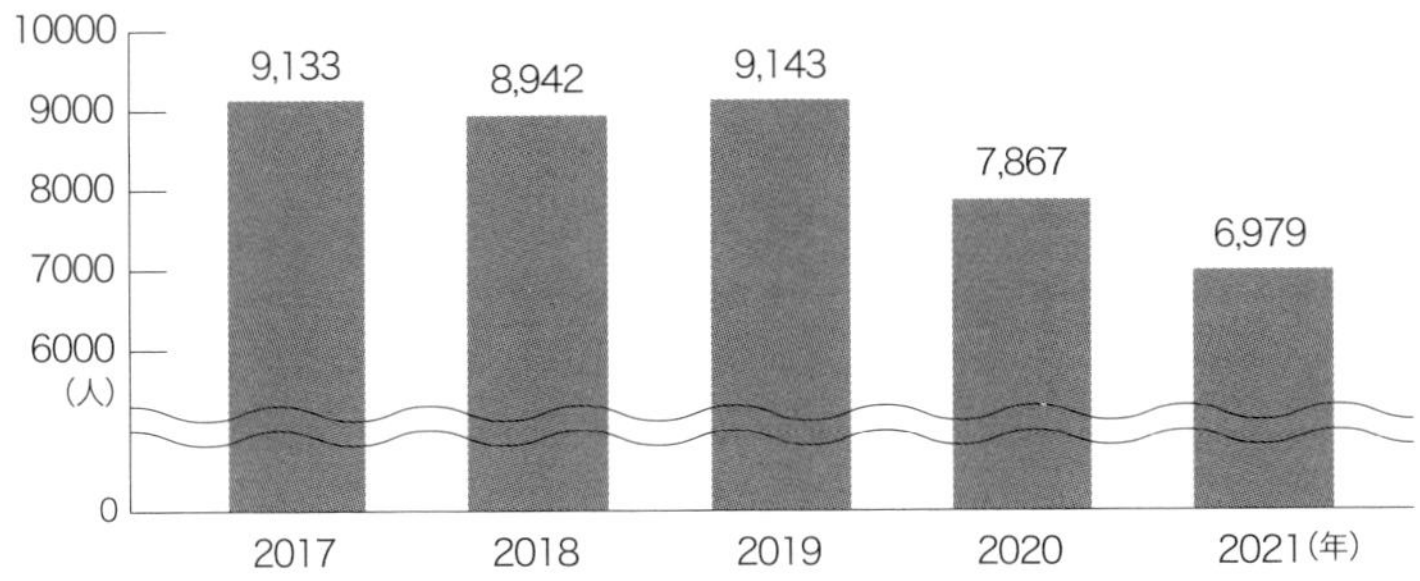

および一九七九年児童養子縁組法（Child Adoption Act of 1979）の二つがある。

二　民商法典

民商法典によれば、養子となる者が子であるかどうかにかかわらず、その一五九八／一九条（訳注：以下、民商法典については条文数のみで示す）から一五九八／三七条に規定されている。民商法典によると、ある者と縁組を望む者は二五歳以上であり、かつ養子となる者より一五歳以上年上でなければならない（一五九八／一九条）。

民商法典によれば、養子縁組には以下の形での同意が必要とされる。

① 養子となる者が一五歳以上である場合は、その者の同意を得なければならない（一五九八／二〇条）。

②養子となる者が二〇歳未満の場合、原則として、養子縁組希望者の父母の同意が必要である（一五九八／二一条）。

③児童の福祉および保護に関する法律（Law on Child Welfare and Protection）に基づく児童福祉施設は、養子となる未成年者が遺棄

された者の場合、および施設の監督下にある者の場合には、子の父母に代わり同意を与えるものとされる（二五九八／二二条）。

④ 養子縁組を希望する者または養子となる者が婚姻している場合は、原則として、その配偶者の同意を得なければならない（二五九八／二五条）。

養子縁組は、タイの法律に従い登録により成立する。それにかかわらず、養子となる者が未成年の場合は、一九七九年児童養子縁組法にも従う必要がある（二五九八／二七条）。登録の効力として、養子は養親の嫡出子としての地位を得るものの、実方の家族に対する権利と義務は失わない。しかし、実親は縁組成立時より親権を喪失する（二五九八／二八条）。さらに、養子が未成年の場合、養親の配偶者の養子になる場合を除き、同時に他の者の養子になることはできない（二五九八／二六条）。また、養子縁組は養子の相続につき、養親がその法定相続人になることはない（二五九八／二九条）。

三．一九七九年児童養子縁組法

児童養子縁組法は、養子となる者が未成年である場合に適用される特別法である。未成年とは二〇歳未満の者を指す。養子となる子の安全を確保するため、本法によれば、すべての未成年養子縁組の申請、登録、および解消は、この法律に規定される要件および状況に従わなければならない。加えて、養子縁組を望む者と養子となる子の双方は、その縁組の調整を児童縁組委員会（Child Adoption Committee）の定める規則に従い進めなければならない（一九七九年児童養子縁組法五条、以下「法」と略する）。

その結果として、ハーグ国際養子縁組条約の締約国との交渉が認められることとなった。この児童養子縁組法は二〇一〇年に改正（訳注：二〇一〇年児童養子縁組法は「改正」と略する）され、その改正五／一条（訳注：改正法四条が一九七九年法を改正し、改正法で五／一条の内容が記載されている）によれば、ハーグ国際養子縁組条約の締約国である外国で、その国の権限を有する当局が条約内容を遵守していると公証すれば、子と養子縁組をすることができるとされている。この場合は、児童養子縁組法に基づいて縁組がなされたとみなされる。

さらに、法六条においても、社会開発福祉庁またはその長から認可を受けた児童福祉団体以外の者が、直接または間接を問わず、養子縁組のあっせんを進めることを禁止している。直接もしくは間接を問わず、許可を得ることなく（法一八条）、または養子縁組の同意を得るために詐欺、強迫、暴力、不当な影響、強制、仲介者の利用、その他の不当な利益を用いて（法一八／一条。訳注：改正法五条で規定されている）、養子縁組の目的のためにタイ国外から子を連れて来るもしくは送り出す場合は、それらは禁固刑以上の処罰を受ける（法三四条、三四／一条。訳注：改正法一〇条で規定されている）。

四．一九七九年児童養子縁組法に基づく縁組手続

養子縁組の申請を希望する者は、法律に従い承諾権限を有する者からの承諾書を添えて、以下の形で申請書を提出する。申請者がバンコクまたは海外にドミサイルを有する場合は、社会開発福祉庁の長に申請書を提出する。他の県の場合は、県知事へ提出を行う（法二〇条）。縁組の申請書が担当部署に受理されると、その後に申請者、縁組の承諾につき許可を受けた者、および養子となる子の資格、生活状況および適性についての審査が行われる（法二一条）。

法一九条および法二二条の規定によれば、この法律に基づき養子となる者は、当初に試験的あっせんがな

され、その後に社会開発福祉庁の長または県知事が、法二〇条および法二一条の規定による申請者の資格および事実に関する審査報告の検討、または申請者の資格を証する文書の検討を行い、養子縁組を承認することとされている。

試験的あっせんは六カ月を下回らない期間でなされる。その後、申請者に養子縁組をする資格があると思われ、かつ委員会が養子縁組を承認した場合は、法律に従いその養子縁組の登記がなされなければならない（法二七条）。しかし、申請者に養子縁組をする資格がないと思われ、かつ委員会も養子縁組を承認しない場合は、委員会または県知事は、縁組の承諾権限を有する者に子を返すよう申請者へ命令する権限を有する。その申請者は、その決定を受けた日から三〇日以内に裁判所に申し立てることで、委員会または県知事の決定に異議を唱えることができる（法二八条）。

委員会が法二七条に基づき養子縁組を承認した場合、または法二八条に基づき委員会の決定に対して異議申立てがなされ、かつ裁判所が養子縁組を承認するよう決定した場合は、申請者が委員会の承認を受領した日または裁判所の命令発行日から、原則として六カ月以内に養子縁組の登録を行わなかったときは、申請者が養子縁組をする権利を放棄したものとみなされ、その子は縁組承諾権限を有する者または担当部署へと返される（法二九条）。

さらに、養子縁組の申請者が、タイと国交のある外国にドミサイルを有しつつタイに居住しており、かつタイでの試験的あっせん期間が六カ月を下回らない場合は、それを補足する法律である二〇〇〇年省令第九号第一二条によれば、児童養子縁組の申立ては、承諾権限を有する者の同意書等を、児童養子センター長へ送付しなければならないとされる。

国際養子縁組の場合は、同省令第九号一五条によれば、養子縁組の申請者がタイと国交のある外国にドミサイルを有するときは、以下のいずれかを方法を行うことができるとされている。

①同省令第一二条に記載されているものと同じ文書で社会開発福祉庁の長に申請し、その文書を当該国のタイ大使館または領事館により認証を得る方法。

②養親がドミサイルを有する国のタイ大使館または領事館に申請する方法。

③申請者がドミサイルを有する国の政府により指定された機関、またはその国の政府から国際養子縁組を行う権限を与えられた児童福祉団体を通じて養子縁組申請書を提出する方法。

以上の方法にかかわらず、養子縁組の申請者が外国にドミサイルを有する者である場合は、申請者がドミサイルを有する国の政府により指定された機関、またはその国の政府から国際養子縁組を行う権限を与えられた児童福祉団体のいずれかから、以下の追加の文書を提供されなければならない。

①申請者が養子縁組をする資格と適性を有することを確証する文書。

②指定機関または児童福祉団体が、試験的あっせんを監督し、かつ二カ月ごとに試験的あっせんの結果を社会開発福祉庁の長へ報告することを確証する文書。

③養親となる者の生活状況および家族に関する報告書。

五．ハーグ国際養子縁組条約への加盟の効果

タイは二〇〇四年にハーグ国際養子縁組条約を批准した。その結果、条約に従って一九七九年児童養子縁組法が二〇一〇年に改正され、養子、特に国際的な養子につき違法な養子縁組から更なる保護を図ることができるようになっている。例えば、二〇一〇年児童養子縁組法（法三号）で追加された三八／一条によれば、タ

イ国外において、権限を有さない者による縁組手続、無許可でのタイ国外への子の連れ出しまたは送り出し、および違法な形での縁組手続に関する犯罪を行った者につき、タイ政府またはタイ人が被害当事者である場合には、タイにおいて処罰がなされると明記されている。この条項によれば、違法な養子縁組がタイ国外で行われたとしても、一九七九年児童養子縁組法によりその違反者を罰することとされる。

申請者が養子となる子を幼少期から日常的に扶養、養育および交流があること、家族的関係性を有していると言えること、または養子となる子が他方の配偶者の連れ子であることが明確に証明できる場合は、一般的にタイの法律によれば、委員会は常に養子縁組を承認している。このような条件は、タイの子が、タイの管轄外で生じる不当な養子縁組、人身売買または児童の性的搾取の被害者になることを防ぐために、非常に有益なものとされる。

六．同性カップル

タイの養子縁組法によれば、養親となる者が単身であってもカップルであっても構わない。また、養親となる者の性的指向に基づいて養子縁組の権利が制限されることはない。しかし、同性婚の権利がいまだ承認されていないことから、同性カップルまたは恋人同士がタイで共同養子縁組を行うことはできない。ただし、現実には、外国人であるか否かを問わず、同性カップルがタイ人の子を養子にしたいと考える場合は、同性カップルの一方のみが単独で養子縁組をすることは可能なのである。

単独で外国人が養子縁組を申請する場合には、タイ人の子を養子とする具体的正当性を証明し、かつタイでの就労、職歴、または子との相性など、タイ国との緊密さを証明しなければならない。

タイでは、養親の性別と異なる養子との縁組を禁じていない。男性の養親が女児を養子にすること、およびその逆も可能である。ただし、養親が養子との婚姻を希望する場合は、養親は婚姻前にその養子縁組を解消する申立てをし、認められなければならない。

第六章　ニュージーランドにおける国際養子縁組制度

室蘭工業大学大学院教授
清末愛砂

一．国際養子縁組の受入国になった歴史的背景と理由

ニュージーランドにおける国際養子縁組に関する現代史的な経過は、①第二次世界大戦以後のポーランドからの戦災孤児の受け入れ、②一九六二年のキリスト教の教会による要請を受けての香港からの受け入れ、③一九八〇年代以降の南太平洋諸国（例：サモア独立国）からの受け入れの増加、および④一九八九年のルーマニアにおける政変に応じての受け入れという四段階の大きな流れを経て、現代にいたっている。[1] もっとも、この流れは主なものにすぎず、養子の送出国は後述するように、これらの国々や地域に限定されない。

②については、子の肌の色や東アジアという文化的背景の違いがあることから、当時のニュージーランド社会のみならず、福祉関係者の間においても、受け入れは困難だと考えられていた。その結果、積極的な受け入れにはならなかった。③については、国境を越えての養子縁組ではあるものの、南太平洋諸国にルーツを持つニュージーランド人の間では、同じまたは近い民族であることから受け入れやすいものであった。この

場合、国籍が異なる親族間の養子縁組も多数見られ、現在でも同様である。

一九六〇年代後半以降のニュージーランドでは、非血縁養子縁組（面識がない者の間でなされる養子縁組）の件数が大幅に減少するようになった。その理由は、女性を取り巻く社会的環境や社会保障制度の変化により、非血縁養子縁組が求められる子どもが少なくなったことによる。より具体的には、（一）避妊方法の浸透により望まない妊娠をする女性が減ったこと、（二）以前よりも、社会全体で未婚のシングルマザーに対する差別や偏見が減ったこと、および（三）一九七三年になされた「一九六四年社会保障法」（Social Security Act 1964）の改正により、ひとり親への手当として「家事専従手当」（Domestic Purposes Benefit）が導入される等、シングルマザー[2]に対する社会保障制度の改善を受け、経済的に女性が一人で子どもを養育することが容易になったことによる。[3]この結果、実子に恵まれない等の理由から養子縁組を求める人々のニーズを満たすために、海外から国境を越えて子どもを養子として受け入れる国際養子という選択肢につながっていった。現在では国内養子縁組よりも、国際養子縁組（海外在住のニュージーランド市民〔国民〕がニュージーランド以外で養子縁組をするケースも含めて）の方が多いのが現状である。[4]

すなわち、ニュージーランドでは、外部からの要請に国内的な事情が加わる形で、国際養子縁組が進められてきたと言えよう。ただし、養子縁組の基本的方針としては、国際養子縁組よりも、国内で養子縁組を必要とする子どものニーズを優先させることにはなっている。

二．養子縁組法制

ニュージーランドには、国際養子縁組を含む養子縁組にかかる法律として、①「一九五五年養子法」（Adoption

Act 1955)、②「一九九七年（国際）養子法」(Adoption[Intercountry]Act1997)、および③「一九八五年成人養子情報法」(Adult Adoption Information Act 1985)が制定されている。このうち、国際養子縁組の手続については、①と②の双方により規律されている。養子縁組の形態としてオープン・アダプション(open adoption)を採用しているため、養子縁組の当事者は③に基づいて、養子の実親、養子、養親に関する個人情報へのアクセスや当事者間の面会・交流等が可能となっている。なお、二〇二一年から、一九五五年養子法の改正作業が開始されたが、現在もその途上にある。

ニュージーランドはハーグ国際養子縁組条約の締約国であり、同条約第六条に基づく中央当局(Central Authority)は、「子ども省」(Oranga Tamariki/Ministry for Children)が担っている。二〇一七年までは「社会開発省」(Ministry of Social Development)内の「児童・若者・家族課」(Child, Youth and Family / CYF)が中央当局であったが、二〇一七年にCYFが独立し、「脆弱な子ども省」(Ministry of Vulnerable Children)が設立された後に、現在の子ども省へと名称変更された。

なお、ニュージーランドは、先述した南太平洋諸国出身の子どもをはじめとして、ハーグ国際養子縁組条約の締約国以外の国々からも養子を受け入れている。

三　国際養子縁組の進め方

ニュージーランドの国際養子縁組の進め方は、養子となる子が①ハーグ国際養子縁組条約の締約国出身であるか、または②同条約の非締約国出身であるかによって異なる。

①については、締約国であるだけでなく、ニュージーランドと二国間協定を締結している国との間でなされるものである。現在、タイ、フィリピン、リトアニア、インド、中国、香港およびチリがその対象国となっ

ている。基本的には、両国の中央当局または国際養子縁組に関する認定機関[5]が協議しながら進めていくが、その際にはハーグ国際養子縁組条約が規定する要件（第四条および第五条）を満たすことが求められる。最終段階では、ニュージーランドの家庭裁判所が養子縁組を認める命令を発するか、または相手国の裁判所が発した養子縁組にかかる決定をニュージーランド側が承認する形がとられる。

②については、（A）ハーグ国際養子縁組条約の非締約国の法律に基づいて成立した養子縁組をニュージーランドの養子法第一七条第一項に基づいて、ニュージーランド側でもその有効性を認める方法、または（B）国内養子縁組の場合と同様に、ニュージーランドの家庭裁判所に国際養子縁組の申立てがなされ、手続が進められる方法の二通りがある。ただし、（B）については、ニュージーランドの家庭裁判所が関連情報を取得したり、その正確性を判断したりすることが難しい場合もあり、その結果、子の最善の福祉の確保に影響が及びかねない問題がある[6]。

四　追記

ニュージーランドの国際養子縁組制度の詳細については、二〇一四年に本シンポジウムの報告者の一人である梅澤彩先生（熊本大学）とともに、現地で聞き取り調査を実施した。その際の訪問先は、当時、養子縁組全般を担当していた社会開発省内のＣＹＦおよび国際養子縁組の民間支援団体等であった。本科研の研究課題の遂行にあたっては、もとより二〇一四年の調査結果を基礎として、その後の情勢を文献調査に基づいて網羅していく計画を立てていたため、新型コロナウイルス（COVID-19）感染拡大問題にかかわらず、現地調査は実施していない。二〇一四年の調査結果に関しては、清末愛砂・梅澤彩「ニュージーランドにおける養子縁組制度の現状と課題」国際公共政策研究一九巻二号（二〇一五年三月）一－一五頁を参照されたい。また、上記の理由により、本報告も同論文の内容と重複点が多々あることを申し添えておきたい。

注

1 Rhoda M. Scherman, *Intercountry Adoption of Eastern European Children in New Zealand: Issues of Culture*, A Thesis submitted for the degree of Doctor of Philosophy in Psychology, University of Auckland, 2005, p.8. https://researchspace.auckland.ac.nz/bitstream/handle/2292/45/02whole.pdf?sequence=9&isAllowed=y（最終確認二〇二三年一月八日）

2 家事専従手当は、ひとり親が就労せずに子の養育に専従できるようにするための手当であったが、二〇一三年七月に廃止された。現在、ひとり親は、「ひとり親支援手当」(Sole Parent Support Benefit)、「求職者支援手当」(Job Seeker Support) または（一六歳から一九歳のひとり親であれば）「若年親手当」(Young Parents Payment) を利用することができる。

3 Rhoda M. Scherman, *op.cit.*, p.10.

4 Ministry of Justice, *Adoption in Aotearoa New Zealand: Summary document*, 2021, p.1. https://www.justice.govt.nz/assets/Documents/Publications/Adoption-in-NZ-Summary-English.pdf（最終確認二〇二三年一月八日）

5 ニュージーランドには、国際養子縁組を進めることができる民間の認定機関として、ＩＣＡＮＺ (Intercountry Adoption New Zealand) およびＣｆＯ (Compassion for Orphans) がある。そのほか、国際養子縁組の申立人を対象とする教育等を行う民間団体として、ＡＦＳ (Adoption First Steps) がある。ＣｆＯの具体的な活動については、清末愛砂・梅澤彩「ニュージーランドにおける養子縁組制度の現状と課題」国際公共政策研究一九巻二号（二〇一五年三月）九－一〇頁で紹介している。

6 Ministry of Justice, *op.cit.*, p.12.

第七章　米国ハワイ州の国際養子縁組

岐阜大学教授
立石直子

一．アメリカにおける養子縁組の実態

はじめに、アメリカ合衆国における養子文化について紹介する。アメリカは、養子大国と言われることがある。実際には、キリスト教的な血縁主義が重視され、養子縁組への偏見が強い時期もあった。第二次世界大戦後には、親に恵まれない子どもたちを教会の施設で養育するよりも、一般家庭で養子縁組をして育てるべきだとの考えが定着した。一九六〇年代には、養子縁組が国内に浸透していったとされる。

アメリカの養子縁組は主に三つのタイプに分けられる。一つ目は、児童虐待のケースなど、公的な子どもの保護から養子縁組につながるタイプであり、里親や親族、公的機関によって選ばれた者が養父母となる。二つ目は、私的な機関または弁護士を通じてアメリカ国内の子どもを養子として迎えるタイプ、三つ目が、国際養子縁組で、海外から養子を迎えるタイプである。

表１　出身国別養子の受け入れ状況（2020.10.1～2021.9.30）

子の出身国・地域	外国で成立した養子縁組	米国で成立した養子縁組	養子縁組の総数
コロンビア	297	0	297
インド	245	0	245
＊ウクライナ	199	36	235
＊韓国	156	0	156
＊ナイジェリア	111	0	111
ブルガリア	108	0	108
フィリピン	0	68	68
ハイチ	54	0	54
＊台湾	43	5	48
タイ	0	38	38

※総数1,785件中、縁組が多い順に10か国を表示
※＊はハーグ国際養子縁組条約非締約国を表す
※ United States Department of State, Annual Report on Intercountry Adoption 2022より作成

二．国際養子縁組の実態

連邦制を採っているため、国際養子に関してアメリカ合衆国全体の話に触れるが、アメリカ合衆国では、一九九三年にハーグ国際養子縁組条約を批准している。その影響もあり、二〇〇〇年に国際養子法（IAA: Intercountry Adoption Act of 2000）を成立させている。この法の制定以降、アメリカでは条約の対象となる国際養子縁組を取り扱う団体に対し、統一的な規制が行われている。

国際養子に関する統計は毎年国務省より発表されているが、これは、二〇〇〇年国際養子法に基づく。アメリカ国務省は、最新の二〇二二年の統計においても、「国際養子縁組は、米国務省の最優先事項の一つである」（国際養子縁組に関する年次統計二〇二二）と述べている。養子縁組のなかでも、国際養子縁組を移民政策の一つとしても重視していることがわかる。ただし、アメリカにおける国際養子縁組の実態を見ると、二〇〇四～

表２　養子の送り出し状況（米国より他国へ）（2020.10.1～2021.9.30）

送り出し先国	送り出し件数
オランダ	15
カナダ	5
アイルランド	6
スイス	2

※総数28件中
※United States Department of State, Annual Report on Intercountry Adoption 2022より作成

〇五年をピークに、国際養子縁組を行う子どもの数が減少している。この原因として、特に途上国の経済状況の改善により、途上国内において養子縁組が進められる環境が整ったこと、また、国際養子縁組の送り出し国が規制を強める動向もあるといわれる。とりわけ、ここ数年は、新型コロナウイルス感染症の影響による渡航の困難から、国際養子縁組は激減している（毎年、中国からの養子の受け入れ件数が最も多かったが、二〇二一年度の統計では一件も計上されていない）。

三．実親と養親子の情報共有のあり方

アメリカの養子縁組での、親子の情報共有のあり方として三種類がある。①オープン・アドプション、②セミオープン・アドプション、③クローズド・アドプションである。①オープン・アドプションでは、養子を出産した実親と養親は、妊娠中および出産後、また縁組成立後も連絡先を共有する。「オープン」のレベルはさまざまで、写真、電話、手紙での交流や、訪問し合ったりする場合もある。養子縁組に関わる機関や専門家は、オープン・アドプションが当事者らにとって最も健全であると考えているが、「オープン」のレベルは、常に子どものニーズから考慮されるべきだとされる。②セミオープン・アドプションでは、出産した実親と養親は、個人を特定するこ

とができない範囲の情報（Non-Identifying Information）を共有し、両者のコンタクトは通常、養子縁組機関や専門家を通じて行われる。③クローズド・アドプションの場合は、養親・養子と実親の間で、情報や連絡先が共有されることはない。現在のアメリカでの養子縁組が、完全にクローズドで行われることは少なく、何らかのレベルでオープンであることがほとんどである。多くの養子縁組において、ＰＡＣＡ（Post-Adoption Contact Agreements：縁組後のコンタクトに関する契約）が締結されている。各州によって締結の義務や強制力の程度が異なるが、養子縁組の過程で、裁判所がこれを承認することにより、この契約の内容が法的に執行力を持つ。

四．ハワイ州における養子縁組の法と文化

ハワイでは、養子について、ハワイ州法（Hawaii Revised Statutes（HRS））の家族法の中の第五七八章養子（Chapter 578 Adoption）において定められている。[1] 基本的には、養子あっせん機関を通じた養子縁組が行われ、それは国際養子縁組に関しても同じである。後述のハーナイの文化を踏まえ、当然のようにオープン・アダプション方式が採られている。ハワイにおいては、縁組後のコンタクトに関する契約の制度は、法制度上は見られない。

ハワイ州では、さまざまな政策上、先住民の文化に敬意が払われている。もともと、先住民の間に、「ハーナイ（Hānai、あるいは「ハナイ」）」と呼ばれる、子の養育に関する慣習がある。もともとは、一族の長子を祖父母や親族に託して、実親も関わりながら育てていく文化のことを示している。その目的は、一族の伝統的な価値観や知恵を伝えたり、生活にゆとりのある祖父母世代が子の養育を支援することにあった。また、身分の高い人はマナ（魂）が強いと考えられ、実親が自分より身分の高い人たちに実子を託して育ててもらうことで、

子のマナを強くするとの考え方も存在する。特別に身分が高い家庭でなくとも、知識豊かな年配の親族に子を託すことでマナを強めるとも考えられていたのである。このような慣習のなかで、子を託された養親は、実親とともに子を育てる形式をとっていて、その意味では、もともとオープン・アダプションに近い文化があったと言える。現在でも、養子縁組一般を俗に「ハーナイ」と呼ぶことも多い。ハワイでは、そういった拡大家族も含め、家族(オハナ、Ohana)と考えられ、家族をとても大切に考えることがハワイ文化とも言える。

五. 日本とハワイの国際養子縁組の歴史

現在、ハワイ州で迎える国際養子縁組のなかにおいて、日本からの養子が特別多いというわけではない。しかし、もともと日本からの移民文化があったハワイでは、戦後、日本からの国際養子はしばしば見られた。二〇一五年には、現地において、ハワイ州上院議員Glenn Wakai氏が、四七年の時を経て、日本の生みの母に会えたというニュースが流れた。彼の母親は、沖縄から美容師を目指して上京し、一〇代で妊娠、出産した。のちに取り戻すつもりで、周囲の説得を受けて、Wakai氏をハワイの養親へと国際養子縁組したとのことだった。Wakai氏は、成人になっても、養親に遠慮して出自をたどらなかったが、養親が亡くなったことを機に、日本で実母を探し再会した。こういった意味で、ハワイは、日本の国際養子縁組の送り先として、「橋掛け」的な役割を果たしたとも言える。

おわりに

コロナ禍においては、本土や他国からも離れたハワイの地理的条件のために、国際養子縁組の件数は減少している。しかしながら、先住のハワイアンにおいて、「ハーナイ」の文化は強く根付いており、その精神を現在のハワイ社会全体が共有している。国際養子に限らず、自身の子育てが終わった後に、親に恵まれない子どもと養子縁組をする夫婦も多い。「アロハ」という挨拶に代表される「愛」や「思いやり」、そして「オハナ」つまり家族を重視するハワイの文化と、アメリカ全土における養子縁組制度の充実、拡大が合わさる形で、現在のハワイの養子文化があると言えるだろう。その意味で、ハワイにおいては、養子大国アメリカのなかでも、土着の文化を踏まえた独特の養子文化が見られ、それは、国際養子についても同じである。

参考文献

米国保健社会福祉省児童家庭局の資料 Trends in Foster Care and Adoption: FY 2010 - FY 2019.
https://www.acf.hhs.gov/sites/default/files/documents/cb/trends_fostercare_adoption_10thru19.pdf（最終確認二〇二二年一二月一〇日）

注

1 ハワイ州法については、以下の州ＨＰで確認できる。
https://www.capitol.hawaii.gov/docs/hrs.htm（最終確認二〇二二年一二月一〇日）

おわりに

各国の報告について、次のようにまとめることができる。

まず、日本の状況については、日本民法上の養子となる子どもの保護に関するシステムの概要が説明され、ついで日本の実務における国際的な養子縁組から生じる諸問題が提示された。梅澤報告では、日本人が当事者である国際養子縁組の件数、日本人が養子として送り出された国についての数値が紹介されたが、これらの数値が新聞社の調査によるものであり、日本政府の公的な統計ではないという点が、日本における国際養子縁組が置かれる状況を示していると言えよう。

韓国およびシンガポールの法制は、現在のアジアにおける「子のための養子縁組」の理想形を目指すものであると言える。これらの国においては、各々の子の保護と福祉のために国家・公的機関が積極的に関与する体制がとられている。翻ってみるに、日本と韓国とは歴史的に多くの共通項を有しており、相互に影響を与え合ってきたが、特に一九九〇年代以降の韓国の家族法改正のスピードと先進性には目を見張るものがある。シンガポールも、母法である英国、オセアニアや北米の英米法諸国の動向を注視しつつ、アジア型英米法（コモン・ロー）の理想型を模索してきたが、あっせん機関への規制や同性愛者の男性カップルによる国際養子縁組を認めない等、シンガポールの政策も明白に表れている。

中国は、世界で最大の養子送出国である。民法典の制定により、特に国際養子縁組制度について子の利益保護が強化された。国内養子縁組を優先すべきとしつつ、国際養子縁組により移住した子の出自を知る権利や追跡調査が行われるという新しい制度の導入がなされたことも紹介された。

タイとフィリピンは、いずれもハーグ国際養子縁組条約の締約国であるが、伝統的な合意による契約型養子縁組と決定型養子縁組が併存している。いずれの国においてもトラフィッキング（人身取引）の防止に努め、同時に国際養子縁組を抑制し、親族による養子縁組を奨励する方針を強めている。

ハワイおよびニュージーランドは、いずれも英米法系に属する国であり、国際養子縁組の受入国で、両国は、一般的には西欧型の法制度の下で要保護児童の保護を目的として国内および国際的な養子縁組が行われてきたと認識される。他の報告対象であったアジア諸国が、出生国の文化を保持することも「子の福祉」の観点から重視すべきであるとして国際養子縁組を再考するようになってきたということに対して対極的な立場にあると考えられるかもしれない。しかしながら、これらの地域は、いずれもオセアニアの海洋部の一部であるポリネシアに属し、土着民のルーツは、台湾・東南アジアで、言語や文化的に共通項を有しているとされる。[1]今回の報告でも、両地域の土着の養子制度や親子関係についての言及があり、「アジア」の多様性と生涯にわたっての継続的な親族関係を重視するという文化を意識する契機にもなったという点でも興味深いものであった。いずれの国も、近年、「子どもの福祉」を最重視する法改正が進められていることが紹介されており、これに倣って日本における要保護児童の保護制度の拡充を進めることが求められる。

伊藤弘子

注

1　酒井中「ポリネシア文化起源地としての台湾」金沢大学考古学紀要三〇（二〇〇九年）、特に四八頁。

国際養子縁組法制《こくさいようしえんぐみほうせい》をめぐる現状分析《げんじょうぶんせき》と課題《かだい》 ― 国際《こくさい》比較《ひかく》の視点《してん》から

発　行　2023年1月31日　初版第1刷
編　者　外国法制研究会
発行者　土肥寿郎
発行所　有限会社 寿郎社

〒060-0807　札幌市北区北7条西2丁目 37山京ビル
電話 011-708-8565　FAX 011-708-8566
E-mail doi@jurousha.com　URL https://www.ju-rousha.com/

印刷・製本　株式会社プリントパック

＊落丁・乱丁はお取り替えいたします。
＊紙での読書が難しい方やそのような方の読書をサポートしている個人・団体の方には、
　必要に応じて本書のテキストデータをお送りいたしますので、発行所までご連絡ください。

ISBN 978-4-909281-49-4 C3032

©Gaikokuhosekenkyukai 2023. Printed in Japan